신한류와 문화이동의 지형학

국립중앙도서관 출판시도서목록(CIP)

신한류와 문화이동의 지형학/
지은이: 이종임.
– 서울: 논형, 2013
    p.; cm.
(논형학술: 73, 방송문화진흥총서: 134)

ISBN 978-89-6357-143-0 94300: ₩18000

한류(문화)[韓流]
문화 사회학[文化社會學]

331.5-KDC5
306.4-DDC21   CIP2013001817

신한류와 문화이동의 지형학

이종임 지음

논형

신한류와 문화이동의 지형학

초판 1쇄 발행 2013년 3월 25일
초판 2쇄 발행 2014년 7월 10일

지은이 이종임
펴낸곳 논형
펴낸이 소재두
등록번호 제2003-000019호
등록일자 2003년 3월 5일
주소 서울시 관악구 성현동 7-77 한립토이프라자 6층
전화 02-887-3561
팩스 02-887-6690
ISBN 978-89-6357-143-0 94300
값 18,000원

* 이 책은 MBC재단 방송문화진흥회의 지원을 받아 출간되었습니다.

서문

　2000년대 초반 드라마 〈겨울연가〉가 동아시아 지역에서 큰 인기를 끌면서 형성된 '한류(Korean Wave)'는 언어, 문화, 사회정치적 환경이 다름에도 불구하고 동일한 콘텐츠에 열광하고 소비하는 수용자들을 중심으로 형성되었다. 특히 아시아 여성 수용자들을 중심으로 적극적인 소비활동이 이루어졌는데, 한류를 매개로 한 커뮤니티를 형성하는 등 미디어 콘텐츠를 통한 문화교류의 가능성을 보여주었다. 이후 한류는 국내 학계뿐만 아니라 정부기관, 기업 등 다양한 주체들의 새로운 관심사로 부각되었다. 그러나 해외에서의 한류의 영향력이 커짐에 따라 정부와 기업이 한류 산업육성을 위한 정책입안을 주도하게 되었고, 대중문화로서 한류를 평가하기보다 산업으로서, 하나의 문화상품으로서 한류를 인식하는 경향이 더욱 강화되었다. 이 과정에서 국내 미디어 콘텐츠의 질적 저하와 함께 한류는 우연히 얻게 된 인기라는 거품논란을 가져왔다. 그렇게 한때의 우연한 인기로 기억되던 한류가 2000년대 후반 K-pop을 통해 다시 한 번 주목받게 되었다. 초기 한류와 달리 아시아뿐만 아니라 전 세계에서 소비되는 대중문화라는 특징을 지니는 K-pop을 중심으로, 현재의 한류가 아시아를 넘어 전 세계에서 인기를 끌고 있는 이유를 분석하기 위한 많은 노력들이 이어졌다. 하지만 무엇보다도 한류가 인기를 끄는 가장 큰 이유는 초국적 문화교류과정에서 형성된 문화적 구성물이기 때문일 것이다.

따라서 이 책은 한류문화 현상이 유발하는 탈지역적 특징과 함께 국내에서 바라보는 사회문화적 차이에 주목함으로써, 다양한 각도에서 접근한 문화연구의 문제의식에서 한류를 바라보고자 하였다. 지금까지 한류는 한국의 대중문화를 소비하는 해외의 다양한 수용자들을 동일한 시각에서 분석하고, 한류는 한국의 우수한 문화, 창의적 민족성을 기반으로 생산된 것으로 인식되어 왔다. 물론 한류를 바라보는 다양한 시각—경제중심의 시각, 문화민족주의적 시각, 문화공동체 혹은 탈식민주의적 시각들—이 공존하고 있지만 주류 담론은 여전히 민족주의적 혹은 경제중심적 논의가 주를 이룬다. 그리고 이와 같은 경향은 초기 한류 담론이 형성되었을 때와 큰 차이가 없다. 그러므로 현재의 흐름이 지속될 경우 해외 한류 팬에 대한 이해부족과 함께 한류문화의 상업적 획일화가 지속될 가능성이 크다.

따라서 이와 같은 상업적 시각을 탈피하여 지금의 한류가 어떠한 방식으로 문화를 형성하고 있으며, 이해와 소통의 '장'으로서의 역할을 수행하고 있는지 '한류 문화이동의 지형'을 구체적으로 살펴보았다. 그리고 문화이동의 지형을 설명하기 위해서 다음과 같은 핵심 키워드를 제시하였다. 소셜 네트워크(SNS)로 대변되는 현재의 미디어 테크놀로지, 여행, 교육, 이민으로 형성되는 인구이동의 특징인 디아스포라(diaspora), 민족성(ethnicity)에 대한 정체성의 정치(politics of Identity), 그리고 미디어 콘텐츠에서 재현되는 다문화성(multi-culture) 등이다.

국내 대중들의 문화수용방식은 글로벌 문화와 밀접한 연관성을 지닌다. 문화, 언어의 차이에도 불구하고 해외에서 유입된 미디어 콘텐츠를 통해 형성된 "친밀감(intimacy)"은 서로 다른 문화에 대한 수용의 경계와 낯설음에 대한 시선을 훨씬 느슨하게 만들었다. 마찬가지로 국내 제작자들 역시 수용자의 니즈(needs)에 부합하는 콘텐츠를 생산해야 했다. 결국 국내 대중문화 역시 동시대의 문화교류를 통해 변화하는 수용자의 취향, 생산주체의 의지가 반영될 수밖에 없다. 또한 한류를 분석하는 데 있어서, 디아스포라가 중요한 키워드인 이유는 해외에 거주하고 있는 한국의 이민자들, 유학생들 등의 한인들이 가지고 있는 인적 네트워크 구축과 교류, 그리고 국내에 유입된 외국인들과 이민자들 간의 교류가 활발하게 이루어지고 있기 때문이다. 그리고 이와같은 인적 네트워크 구축의 중요 수단은 소셜 미디어로, K-pop의 활발한 교류를 형성하는 데에도 중요한 역할을 하고 있다.

따라서 이 책은 현재 국내에서 한류문화를 바라보는 민족중심주의에서 탈피하여 탈식민적, 다문화적 맥락 안에서 '한류'를 논의하고자 한다.

이 책의 1장에서는 '한류'담론을 보다 다층적으로 분석하기 위해 필요한 키워드를 제시하였다. 서로 다른 언어, 문화를 가지고 있는 수용자들이 한류라는 문화를 소비하며 소통할 수 있는 이유를 분석하기 위해서 '민족성', '정체성', '디아스포라', 그리고 '글로벌 문화'와 '로컬 문화'의 교류가 생산하는 문화의 특징과 함의를 분석하였다.

2장에서는 신한류 형성의 중요 동인인 소셜 미디어의 개념적 정의와 한류문화교류과정에서의 소셜 미디어의 역할을 살펴보았다. 소셜 네트워크의 대중화는 사람들의 라이프스타일, 문화소비패턴, 의사소통방식 등의 변화를 가져왔다. 물론 여기에는 빅브라더와 같은 검열과 감시체제의 구축이라는 부정적인 측면도 함께 동반하고 있지만, 개인 이용자들의 자유로운 문화향유와 참여가 가능하도록 만들었다. 따라서 이와 같은 특징을 지닌 소셜 미디어가 한류콘텐츠의 확산에 큰 역할을 했음을 제시하였다.

3장에서는 한류문화를 통해 서로 친밀감을 느끼며 커뮤니티를 형성하는 팬덤의 특징을 분석하였다.

4장에서는 현재의 한류문화 생산의 기반이 되는 국내 미디어 환경의 특징을 분석하였다. 특히 다양한 해외 프로그램이 유입되면서 국내 수용자들이 지니는 문화적 차이에 대한 시각의 변화와 함께 프로그램 제작 주체들이 프로그램에 반영한 수용자 취향의 변화 등이 국내 프로그램의 변화에 중요한 영향을 끼친 요소임을 제시하였다.

5장에서는 드라마에서 대중음악으로 이동한 한류의 '현재'를 조명하였는데, 특히 국내 미디어에서 재현되는 담론의 특징을 분석하였다. 한류가 글로벌 시대 성공담론의 표상으로 자리잡게 되면서 엔터테이너에게 국가경쟁력을 가질 것과 함께 한국인으로서의 '민족주의'를 강조하는 등 미디어 담론의 특징을 제시할 수 있었다.

6장에서는 초국적 문화수용으로서의 결과물이자 과정으로서의 K-pop의 현 주소와 함께 글로벌문화와 로컬 문화의 '절합'으로서의 한류문화의 '의미'를 분석하였다.

한류는 아시아 간의 문화교류뿐 아니라 초국적 문화교류의 과정이자 현상으로서 앞으로 더 많은 문화적 의미들을 생산하게 될 것이다. 또한 미디어 플랫폼을 자유롭게 활용하는 수용자들의 역할은 앞으로 더욱 커질 것이라 생각된다. 따라서 대중문화텍스트로서의 한류문화가 생산하는 문화현상을 분석하기 위해서는 공동의 연구작업과 함께 수용자들과 직접 만나는 현장연구가

수반되어야 할 것이다. 하지만 아쉽게도 이 책에서는 담지 못했다. 이 과제는 문화연구자들과의 공동연구를 통해 다음 연구에서 이어가고자 한다.

감사한 분들

"한류"라는 풍성하고 볼거리 많은 대중문화를 다루고 있기에 책을 쓰는 과정 또한 흥미롭지 않을까 기대했지만, 현실은 지난했다. 미국 중서부의 작은 대학 도시 어바나 샴페인에서 책과 씨름한 지난 1년은 외로움과 그리움의 시간이었다. 잠깐만 걸어도 숨이 막히는, 40도가 넘는 그 더운 여름, 연구소에서 집으로 걸어가던 길은 아직도 생생하다. 혼자 밥을 먹고, 음악을 듣고, 차를 마셨던 그런 외로움과 고독의 시간이 있었기에 책을 완성할 수 있지 않았을까 싶다.

대학원 시절 문화이론과 문화실천이 무엇인지 치열하게 토론했던 선후배들과의 시간이 없었다면 이 책을 완성하기는 어려웠을 것이다. 여전히 든든한 동료로서 언제든 만날 수 있는 선후배들이지만, 그 시간은 언제나 그립다. 문화연대 미디어 센터에서 인연을 맺은 많은 문화연구자 선생님분들께도 감사드린다. 그곳에서 사회문제를 분석하는 명석한 통찰력과 함께, 눈을 마주하고 이야기할 수 있는 따뜻함과 겸손함도 배울 수 있었다. 동아시아 문화교류와 한류문화에 대한 학문적 고민을 같이 했던 성공회대 선생님들께도 감사드린다.

삶을 살아가면서 느끼는 자괴감과 학문적 선택에 대한 어려움을 겪을 때마다 조언을 아끼지 않으시는 이기형 선생님, 이광석 선생님께도 감사드린다. 학자로서의 삶을 보여주시는 원용진 선생님, 전규찬 선생님, 김영찬 선생님, 이상길 선생님, 마동훈 선생님, 황인성 선생님, 여성학자의 섬세함과 강단을 보여주시는 유선영 선생님, 이동후 선생님, 이종수 선생님, 유세경 선생님, 김수정 선생님, 강진숙 선생님, 이희은 선생님, 박주연 선생님, 김예란 선생님께도 감사드린다. 현장연구와 현실문화분석에 자극을 주시는 이동연 선생님, 심두보 선생님께도 감사드린다. 늘 고맙고 든든한 이영주 선생님, 박석철 선생님, 정수영 선생님, 김수미 선생님, 김수철 선생님, 이원재, 권경우 선배, 홍성일 박사에게도 고마움을 전한다. 그리고 이 지면에는 일일이 담지 못하지만 내게 학문적 지원과 도움을 준 모두에게 감사를 전한다. 작년 한해 어바나 샴페인에서 공부할 수 있도록 배려해준 낸시 교수에게도 고마움을 전하고 싶다. 그리고 그곳에서 지금도 밤을 새우며 논문을 쓰고 있을 많은 예비 연구자들에게도 이 자리를 빌어 고마움과 함께 격려를 보낸다. 그리고 이 책의 출판요청을 흔쾌히 받아주었던 소재두 사장님과 소재천 편집팀장님께도 감사드린다.

마지막으로, 항상 사랑으로 응원해주는 가족 모두에게 감사드린다. 특히 연구자의 길을 가는 아내를 위해 아낌없는 조언과 격려를 해주는 남편에게 고마움과 미안함을 전한다.

이 책은 연구자로서의 내 삶을 정리하는 첫 번째 터닝포인트다. 이 책을 통해 한국 대중문화에 관심을 갖는 많은 이들과 일상적 문화 실천의 방법을 고민할 수 있기를 기대해본다.

2013년 1월
이종임

차례

1장
신한류 문화형성의 키워드

    문화를 어떻게 정의할 수 있을 것인가? 아마도 문화를 '감정의 구조 (structure of feeling)'라고 정의한 레이몬드 윌리암스(Raymond Williams)의 논의에서 그 근거를 찾아볼 수 있을 것이다. 그는 한 세대의 독특한 문화는 그 시대를 살아가는 구성원들의 집단적인 경험과 가치 및 정서들의 총합체인 특수한 '감정의 구조'에 기인한다고 설명한다. 따라서 문화를 일종의 '과정'이며, '평범한 사람들의 체험된 경험'으로 정의하였다. 그리고 이와 같은 맥락에서 '문화'를 분석한다는 것은 특정한 문화적 사례 속에서 사회의 일반조직, 그 복잡성을 연구하는 것을 뜻한다. 즉, 하나의 문화적 작품—예를 들면 예술 작품 —속에 배어있는 복잡다단한 사회적 관계들과 인간 에너지 형식을 연구해야 한다는 것이다. 이때 중요한 것은 이 관계들이 변화하는 '동적인 것'이라는 점 이다. 이런 측면에서 레이몬드 윌리엄스는 문화 이론을 "전체적인 삶의 방식 에 존재하는 요소들의 관계에 관한 연구"라고 정의한다. 그리고 문화분석이 란 "이러한 관계들의 복합체인 사회 조직의 본질을 발견하려는 시도"이다. 결국 문화분석이란 상호작용을 주고받는 복합적 관계로서 인간 삶의 방식에 나타는 패턴을 발견하는 작업을 의미한다(R. Williams, 성은애 역, 2007).

    이후 미디어가 일상생활에서 차지하는 부분이 점차 넓어짐에 따라 형성된 일상화된 '미디어 문화' 역시 체험된 경험으로서의 삶의 한 부분이 되었다. 미디어를 통해 재현되는 다양한 상징적 의미들은 대중의 삶에 영향을 미치기도 하고 삶의 한 부분을 표현하는 등 특정한 시대의 구성원들의 삶을 기록하고 이를 해석하는 데 중요한 역할을 하게 되었다. 최근 미디어 테크놀로지의 발달로 글로벌 네트워크망이 구축되고, 멀티미디어 플랫폼이 구축됨에 따라 국가 내에서뿐만 아니라 국가 간 미디어 콘텐츠가 활발하게 유통되면서 초국가적 문화생산과 소비가 이루어졌다.

이와 같이 미디어를 통한 초국가적 문화생산과 소비가 이루어짐에 따라, 매일 새롭고 다양한 정보를 접하는 데 익숙해진 수용자들은 미디어에서 '재현'되는 현실을 통해 스테레오타입이 형성되기도 하며, 사회현상에 적극적 주체로 참여하기도 하는 등 수용자의 주체적 역할도 점차 확장되고 있다.

미디어 문화교류가 이루어졌던 근대 초기에는 미국 중심의 서구문화가 일방적으로 확산됨에 따라 국지적 문화의 특징을 소멸시키거나 획일화시키는 전 지구화에 대한 우려가 커졌고, '문화제국주의' 입장에서의 비판이 주를 이루었다. 하지만 최근 문화영역에서 문화제국주의적 입장에서 설명할 수 없는 측면들이 나타나기 시작하였다. 우선 글로벌 문화는 중심과 주변, 지배와 피지배의 관계가 명확하지 않다. 또한 일방적 생산과 수용이 이루어지기보다는 국지적 문화가 적극적으로 유지되며 변형된다. 따라서 지금의 글로벌 문화는 문화의 흐름, 문화적 네트워크의 집합체로서 분산되고 이질적인 과정을 겪고 있으며, 문화적 흐름의 효과는 동질화보다는 혼종화로 나타난다.

따라서 지금의 대중문화는 글로벌 문화와 국지적 문화, 즉 로컬 문화의 결합을 통해 다원화된 문화들이 공존하고 있으며, 미국 중심의 글로벌 문화의 일방적 수용이 아닌 지역문화의 세계화를 의미하는 글로컬 문화(Glocal culture)의 성격을 갖는다. 아시아뿐만 아니라 전 세계로 확장된 수용자층을 확보하고 있는 '한류(韓流, Korean Wave)'문화 역시 온전한 한국의 문화라기보다 오랜기간 진행되어온 글로벌 문화의 내면화를 통해 생산된 것이라 할 수 있다. 따라서 한류 문화는 레이몬드 윌리암스의 논의처럼 특정한 시대의 집합적 경험이 녹아들어있는 '감정의 구조'에서 기인한 것이라고 볼 수 있다.

1990년대 후반 중국 한 저널리스트에 의해 불리기 시작한 '한류'는 문화 수입국으로 인식되었던 한국의 문화가 아시아 수용자들 내에서 소통가능한 문화로 인식되면서 학계뿐만 아니라 산업, 정부 등 각 영역별 주체들의 참여를 이끌어냈다. 초기 한류는 드라마 속 현실에 공감하고 즐거움을 느끼는 아시아 여성들의 자발적 팬클럽 활동으로 주목받았다. 아시아 중년 여성들을 중심으로 형성되었던 초기 한류 팬들은 드라마 속 남성과 여성의 캐릭터에 열광하였으며, 드라마를 보는 것에서 멈추지 않고 한국을 직접 방문하는 적극성을 띠기도 하였다. 특히 일본의 여성 수용자들은 드라마〈겨울연가〉를 통해 '욘사마 열풍'을 일으켰고, 다양한 분야에서 관심을 갖고 논의를 하기에 이른다.

하지만 이러한 현상을 바라보는 국내 주요 담론은 한류문화를 주요 수출 상품으로 인식하는 민족주의적이고 경제중심주의적인 논의가 주를 이루었다. 특히, 한류문화상품을 통해 한국문화의 우수성을 알리고 동아시아 내에서의 우위를 점할 수 있다는 주류 담론의 이데올로기 형성은 문화소비 과정에서 생산되는 다양한 의미들과 문화적 취향에 대한 관심을 상업적 이익으로 전환시켰다. 아시아에서의 한류인기를 '상업적'으로 이용하는 경향이 점차 증가하면서 한류에 대한 인기는 점차 사그라지는 듯 했다.

그러나 주춤한 것 같았던 한류가 2000년대 후반 드라마가 아닌 K-pop이라는 한국음악으로 다시 주목받고 있다. 과거 한류는 드라마를 중심으로 아시아 여성이라는 공동체, 동아시아라는 문화적 지리(cultural geography)를 형성하며, 식민지의 경험, 근대화, 유교문화라는 문화적 근접성(cultural proximity)으로 설명되었다. 하지만 현재 아시아를 넘어 유럽, 미주, 남미 등의 국가에서 인기를 끌고 있는 K-pop의 인기요인을 설명하기 위해서는 문화적 근접성과 아시아 여성 공동체 이외의 요인들이 제시되어야 한다.

"단순한 이항대립, 고급과 저급, 저항과 협력, 대립과 동질화 등으로는 결코 대중을 설명할 수 없다"(James Procter 저, 손유경 옮김, 2006, p. 41)는 스튜어트 홀(Stuart Hall)의 논의처럼 현재 K-pop이 전 세계적으로 인기를 끌 수 있는 요인을 설명하기 위해서는 좀 더 다양한 시각이 필요하다. 한국 민족의 우수성, 뛰어난 상업적 콘텐츠의 개발이 현재의 한국 대중문화가 주목을 받을 수 있는 요인일까? 이러한 이분법적 시각으로 한류를 분석할 경우 과거 문화제국주의적 접근의 답습에서 끝나게 될 것이다.

현재, 아이돌 그룹을 중심으로 형성되고 있는 K-pop에 대해 언어, 문화적 공감대를 형성하기 어려운 국가의 수용자들이 관심을 보이는 이유는 미국중심의 서구적 문화에 일정 정도 영향을 받은 한국 대중음악의 역사적 특징이 있기 때문이기도 하다. 또한 뮤직비디오를 통해 먼저 K-pop을 접하는 해외 수용자들의 경우, 뮤직비디오에서 재현되는 아이돌 그룹의 이미지ㅡ뛰어난 외모, 집단 군무, 패션 스타일 등ㅡ는 한국 문화에 익숙하지 않은 수용자라고 할지라도, 아시아 팝 컬처를 즐기는 데에는 큰 어려움이 없다는 것도 K-pop의 인기 요인일 것이다.

과거 한류를 형성했던 드라마는 K-pop에 비해 오랜 시간을 소비해야 할뿐만 아니라 드라마에서 재현되는 가족, 젠더, 사회·문화에 대한 일정 정도의 이해도가 요구되지만, 음악은 짧은 시간에 다양한 음악적 상상과 함께 정서적 공감이 가능하다는 특징을 지닌다. 주요 이용채널도 차이를 보이는데, 드라마가 텔레비전 매체를 중심으로 소비되었다면, K-pop은 유튜브(youtube)를 통해 널리 알려졌기 때문이다. 따라서 소셜 미디어가 지닌 미디어 기술의 편이성 역시 한국 팝 컬처의 확산에 큰 역할을 해왔다고 볼 수 있다.

이와 같이 K-pop 중심의 한류문화가 전 세계적으로 교류될 수 있었던 이유는 전 지구화된 문화교류, 미디어 테크놀로지의 발달 등이 전제되어 있기 때문이다. 미국 할리우드 문화의 전 세계적 확장, 글로벌 미디어 기업의 성장, 그리고 로컬 문화를 끊임없이 수용하고 다시 재생산하는 현재의 문화교류 속에서 탄생한 것이 바로 한류문화이다. 전 지구화시대 문화교류에 대한 접근은 국내의 주류 담론처럼 한국의 문화, 한국민의 우수성 등의 민족주의적 시각보다는 '글로벌 문화'와 함께 '로컬 문화' 그리고 '혼종성'의 개념을 통해 의미해석이 이루어져야 한다.

글로벌, 로컬 문화 혹은 혼종성을 해석하는 데에는 두가지 입장이 존재한다. 즉, 국지적, 지역적 문화를 상업적 문화로 전환하는 상황에 전략적으로 활용되는 용어라는 비판적 입장과 함께 탈근대화, 탈식민지적 시각에서 문화의 재전유와 문화번역과정에서 나타나는 의미들이 바로 주체의 실천이라고 보는 입장이다. 이미 미국 중심의 미디어콘텐츠가 전 세계로 유통되는 과정에서 나타나는 글로벌 문화와 로컬 문화의 결합의 의미를 실천적 상황으로 볼 것인지, 상업적 문화의 재생산으로 볼 것인지에 대해서는 좀 더 심층적인 접근이 필요하다. 일례로, 영국을 중심으로 유럽에서 시작된 텔레비전 프로그램 포맷(format)산업은 프로그램 포맷 수출 대상국을 유럽 내에서 전 세계로 확장하였고, 포맷 수입국에서는 영국에서 개발한 프로그램 포맷을 자국의 문화와 결합하는 방식으로 프로그램을 제작한다. 단기적으로는 다양하고 완성도 높은 프로그램 제작이 가능하지만, 장기적으로는 자국(수입국)의 창의적 프로그램 제작의 비율이 낮아질 것에 대한 우려의 목소리와 함께 수용자들에게 전달되는 텔레비전 콘텐츠가 서구 중심의 가치관, 문화 등이 내면화된 내용이며, 이러한 가치관에 수용자들이 크게 영향을 받을 것이란 우려 등의 비판적 시각이 공존한다. 실제로 글로벌 문화환경에서 라틴 아메리카의 문화와 아프리카의 문화들이 미국 주류문화의 중요한 문화재료로 활용되지만, 전 세계적인 전파를 목적으로 한 문화상품들은 라틴 아메리카의 문화 혹은 아프리카의 문화의 색깔보다는 미국의 가치와 자본을 담고 있는 문화가 생산되는 사례에서도 나타나듯이, 글로컬 문화에 비판적 시각이 공존하는 이유를 알 수 있다.

따라서 현재 생산되고 있는 K-pop을 '온전한' 한국의 문화라고 바라보는 논의는 현재 글로벌 문화교류를 통해 형성되고 있는 다양한 문화에 대한 의미를 획일화시키는 잘못된 이분법적 접근이라 할 수 있다. 이 이분법은 전 지구적인 것은 동질성과 미분화된 정체성을 가지고 있는 반면에 국지적인 것은 이질성과 차이를 보전하고 있다고 가정한다. 그러한 주장에 종종 함축되어 있는 것은 국지적인 것의 차이들은 어떤 의미에서 자연적이라는, 즉 적어도 차이의 기원은 확실하다는 가정이다. 이러한 견해는 사회관계와 정체성을 고정하고 낭만화하는 일종의 원생주의(primordialism)에 빠지기 쉽다. 대신 다루어져야 할 필요가 있는 것은 국지성의 생산, 국지적인 것으로 이해되는 정체성과 차이를 창조하고 재창조하는 힘이다. 국지성의 차이는 앞서 존재하는 것도 아니고 오히려 생산체제의 효과이다. 글로벌화는 마찬가지로 문화적, 정치적, 혹은 경제적 동질화의 측면에서 이해되어서는 안 된다. 로컬화처럼 글로벌화는 대신 정체성과 차이의, 즉 사실상 동질화와 이질화의 생산체제로서 이해되어야 한다(Michael Hart& Antoino Negri, 2000, 윤수종 옮김, 2001, p. 215).

따라서 한국 팝 컬처가 가지고 있는 서구 중심의 문화적 특징과 팝 컬처에서 재현되는 한국 문화의 특징, 아시아 지역에서 형성되고 있는 '상상적 공동체', 수용자들의 적극적이고 능동적인 소비 형태, 미디어 테크놀로지의 발달로 인해 나타나는 동시적 · 비동시적으로 이루어지는 문화소비와 비균질적이고 동시적인 시공간적 특징, 또한 국내의 각기 다른 주체들—기업, 기획사, 정부 등—의 역할과 문화재생산에서 보이는 특징들이 모두 결합된 결과이자 과정으로서 나타나는 것이 '한류'이다.

따라서 이 책에서는 다시 한 번 주목받고 있는 한류문화의 교류와 소비방식을 살펴보고 수용자들의 자발적 문화의미생산, 문화교류과정에서 나타나는 전 지구화와 지역화의 결합, 그리고 한류 문화가 형성하는 문화정체성 등을 통해 변화하고 있는 문화지형도를 제시하고자 한다.

1. 문화연구, 정체성의 정치

우리는 일상적으로 '문화'에 대한 얘기를 많이 한다. 그만큼 일상생활속에서 익숙한 단어이기 때문인데, 문화적 공감을 통해 친구를 만나기도 하고, 문화적 차이로 인해 나와 의견이 다른 타인과 다툼을 벌이거나 논쟁을 벌이기도 한다. 또한 구체적인 문화적 경험 혹은 미디어 이용 경험 등의 공유도 타인과 '친밀감'을 형성하는 데 큰 역할을 한다. 이처럼 우리가 일상적으로 경험하는 문화(culture)는 어떻게 정의할 수 있을까? 일반적 정의에 따르면, 문화는 한 사회의 주요 행동 양식이나 상징체계를 말하는데, 사회사상, 가치관, 행동양식 등의 차이에 따른 다양한 관점의 이론적 기반에 따라 여러 가지 정의가 존재한다. 인간이 주어진 자연환경을 변화시키고 본능을 적절히 조절하여 만들어낸 생활양식과 그에 따른 산물들을 모두 문화라고 일컫는다.

문화를 뛰어난 것, 수준 높은 교양 등의 의미로 사용할 때 문화의 개념은 바로 고도의 개인주의를 반영한 것이기도 하고, 일종의 엘리트 의식 혹은 특정한 인간 집단의 우월성에 대한 철학적 신념에 기초한 시각이기도 하다. 이와 같은 시각에서는 '문화'란 결국 가장 뛰어난 것을 판별하거나 감상할 수 있는 능력을 의미하는 것으로 이해되었다. 이후 산업사회가 도래하고 대중사회가 형성되면서 엘리트 의식에 기초한 문화와 상업적 대중문화로 구분되면서 이분법적 시각은 더욱 강화되었다. 또한 사회학이나 인류학에서는 흔히 문화가 인간의 상징체계 혹은 생활양식으로 정의된다. 앞서 언급했듯이, 인간은 상징체계를 통해 사회를 경험하고 인식하며 다른 인간과 커뮤니케이션하기 때문이다(Raymond Williams 저, 김성기 역, 2010).

그렇다면 이러한 문화를 연구하는 '문화연구(cultural studies)'는 왜 필요한지, 어떠한 접근방법을 통해 진행되는 것인지 알아야 할 것이다. 문화연구는 학문적 제도이면서 구체적 실천의 기획을 가진 신념의 체계이다. 문화연구의 대상으로서의 문화는 매우 다양하게 정의되고 있지만, 대체로 대중문화에 대한 새로운 접근법과 분석을 의미한다. 이와 같이 문화는 다양한 시각에서 논의될 수 있는 복잡한 개념이다.

문화연구를 태동시킨 정신의 핵심에는 대중에 대한 새로운 인식, 대중이 향유하는 문화 생산물에 대한 새로운 접근, 대중의 일상적 삶의 과정에 대한 새로운 각성이 있다. 이러한 각성을 토대로 구체적 분석의 대상이 규정되고, 새로운 방법론이 시도되고 인정되고 축적되면서 분과 학문으로서의 문화연구의 정체성은 1970년대부터 서서히 형성되었다.[1] 이상길(2004)은 문화연구의 흐름을 다음과 같이 정리한다. 전후 영국을 근거지로 전개된 문화연구의 역사는 우선 문화연구의 일종의 보수주의적, 영문학적 입장을 가진 학자들로 19세기 후반 영국에서의 아놀드(M.Arnold), 러스킨(J.Ruskin), 모리스(W.Morris) 등과 같은 다양한 작가, 비평가들에 의해 '문화와 사회'라는 틀이 성립되었다. 이들은 문화주의적 비판이라는 공통점을 지니고 있었다. 보수주의적 성향을 띠고 있었던 이러한 비판은 근대문명이 빚어낸 문화의 타락상과 국가의 도덕적 위기를 우려하는 엘리트주의적 관점에서 이루어졌다. 프랭크 리비스(F.R. Leavis)를 비롯한 몇몇 문화평론가들은 윗세대가 근대문명에 가졌던 관심과 입장을 그대로 받아들였다. 그들은 비평지 〈스크루티니(Scrutiny)〉를 중심으로 활동하면서, 광고, 대중소설 등 대중문화 현상에 대한 비판을 시도했다. 이후 1950년대 말 60년대 초에는 호가트(R.Hoggart), 윌리암스(R.Williams), 톰슨(E.P.Thompson) 그리고 홀(S.Hall) 등이 영국노동계급 문화에 대한 경험적, 역사적인 분석을 제출함으로써 문화연구의 지적 기틀을 마련하게 된다. 프티 부르주아지 출신인 이들은 이전 세대의 엘리트주의적 관점과 단절하는 동시에 교조적인 마르크스주의[2]와 거리를 두면서 자신들의

---

1) 대중의 일상적 삶과 문화생산물의 관계에 대한 새로운 인식에 기초한 대중문화 분석의 방법론이 본격적으로 시도되고 확립되기 시작한 것은 리처드 호가트(Richard Hoggart)에 의해 1964년 설립된 영국 버밍엄 대학의 현대문화연구센터(Center for Contemporary Cultural Studies: CCCS)였다. 호가트에 이어 이 연구소의 소장을 맡은 스튜어트 홀(Stuart Hall)과 그의 이론적 영향을 받은 연구원들은 당시 영국의 다양한 대중문화현상들에 대한 구체적인 분석들을 연구소 간행물인 문화연구조사논문집(Working Papers in Cultural Studies)에 발표하면서 문화연구의 선구적 작업들을 수행하였다. terms.naver.com

2) 교조적 마르크스주의는 신마르크스주의(Neo-Marxim)와 관련이 있는 용어이다. 모든 사회적 현상을 생산양식과 생산관계로 설명하려는 경제결정론적인 고전적 마르크스주의의 사고에 한정하지 않고 인간의 주체적 인식과 해방적 의식을 강조하는 경향의 마르크스주의적 노선을 일컫는다. 마르크스-레닌주의는 소련 공산주의의 지배적 이데올로기가 되었으나, 제차 세계대전을 거치면서 나치즘과 파시즘에 대항하여 싸운 지식인들은 마르크스주의를 새롭게 해석하고자 하였다. 신마르크스주의자들은 한편으로는 계급투쟁이론을 특징

입지를 구축해간다. 이들의 연구 속에서는 토대/상부구조의 이분법적 모델은 기각되고, 경제적인 것과 문화적인 것 사이의 상호작용, 사회적 투쟁을 통해 구축되는 역사가 강조되었던 것이다.

1964년에 버밍엄 대학에 '현대문화연구소(Center for Contemporary Cultural Studies)'가 창설되면서 본격적인 제도화의 단계를 밟게 되었다고 할 수 있다. 이후 약 15년간 연구소를 중심으로 존슨(R.Johnson), 윌리스(P.Willis), 헵디지(D.Hebdige)와 같은 새로운 세대의 연구자들이 많은 성과들을 생산해낸다. 연구소는 특히 대륙으로부터 최신의 이론들을 손질했으며, 영국 현실에 적용시키려는 노력을 게을리 하지 않았고, 민중문화와 하위문화, 미디어 텍스트, 성적, 인종적 정체성 등 다양한 연구대상을 구성함으로써 문화연구의 경계를 확장하였다(이상길, 2004, pp. 6~7).

이러한 문화연구의 발전 흐름 중 흥미로운 점은 '정체성'에 대한 관심과 연구의 등장이다. 1960년대 후반에서 1970년대 사이 등장한 '정체성의 정치(politics of identity)'는 여성해방운동이나 흑인 의식의 발흥 같은 북미와 서구 유럽의 새로운 사회운동과 연관되어 있다. 전통적인 정체성의 정치는 모든 타자들의 배제를 통해 공동 전선을 취하는 특정 공동체에 대한 절대적이고 완전한 헌신 및 동일시로 규정된다. '이것은 흑인적인 것이다', '이것은 게이적이

적으로 부각시키고 교조적 마르크스주의를 내세워 독재체제를 이끌어 온 소련 공산주의의 왜곡된 이론을 비판하고, 다른 한편으로는 서구적 자본주의의 체제에서 경험하는 인간소외를 극복하고 해방적 의식을 실현하려는 데 주된 관심을 바쳐 왔다. 알뛰세(L. Althusser), 보울즈(S. Bowles), 진티스(H. Gintis) 등의 구조주의적 마르크스주의, 블로흐(E. Bloch) 등의 신비주의적 마르크스주의, 번스타인(E. Bernstein) 등의 경험주의적 마르크스주의, 싸르뜨르(J. Sartre) 등의 실존주의적 마르크스주의, 메를로-뽕띠(M. Merleau-Ponty), 프레이리(P. Freire) 등의 현상학적 마르크스주의, 호르크하이머(M. Horkheimer), 아도르노(T. W. Adorno), 마르쿠제(H. Marcuse), 프롬(E. Fromm), 하버마스(J. Habermas) 등의 비판이론적 마르크스주의, 그 외에 인본주의로 일컬어지는 여러 신마르크스주의자들이 있다. term. naver.com.

다', '이것은 여성적이다'와 같은 표현들에서는, 배제를 통해 통합을 이룬 특정한 그룹의 정체성이 함축되어 있다는 점에서 전통적인 정체성의 흔적이 남아 있다. 홀은 1980년대 후반 정체성의 정치에 대한 논의처럼 완전히 통일된 의미로서의 '정체성'이 있을 수 없다는 인식을 통해 '정체성 정치란 무엇인가'라는 우리의 의식을 변화시킨다. 새로운 정체성 개념을 고찰하는 일은 또한 정치학의 형태를 재규정하는 일을 숙고하게 만든다. 그 결과 '차이의 정치학', '자기 반영성의 정치학', '맥락에 따라 달라지지만 끊임없이 작동 가능한 정치학'이다. 홀이 논하는 정체성의 정치학에서는 세 개의 용어가 중심을 차지하고 있다. '차이', '자기 반영성', '맥락 의존성(우연성)'이다.

차이의 정치학은 '하나' 안에 있는 '많은 것'을 인식하는 것, 그리고 '흑인/백인', '정상/게이', '남성/여성'처럼 다양한 공동체를 개별 단위로 엄밀히 나누는 명쾌한 이항 대립을 거부하는 것과 관련이 있다. 차이들은 결코 그룹이나 개인의 정체성에서 외재적인 것이 아니라 내재적인 것이다. 자기 반영성은 발화 입장의 특수성을 부각시키는 것을 뜻한다. 이러한 맥락에서 우리는 더 이상 자연적이고 보편적인 발화 입장을 가정할 수 없다. 맥락의존성은 다른 사건이나 맥락에 기댄다는 관념, 혹은 우리가 취하는 정치적 입장이 고정불변의 것이 아니라는 인식, 따라서 우리 자신을 시간에 따라 그리고 상이한 환경에 따라 재위치 시켜야 한다는 입장이다(James Procter 저, 손유경 옮김, 2006, pp. 218~221).

따라서 정체성은 결코 하나로 통일될 수 없으며, 파편화되고 분산된 것이다. 결코 단일한 하나가 아니며 차이를 통해 다중적으로 형성되는 것이다. 종종 교차적이고 적대적인 담론, 원칙, 위치들로서 나타난다. 정체성은 민족역사의 대상이며, 지속적으로 변화와 변형의 과정에 있다. 우리는 상대적으로 많은 인구와 문화의 정형화된 특징을 흔들어왔던 역사적으로 특별한 발전과 원칙들 내에서 정체성에 대한 논쟁을 위치시킬 필요가 있다. 그리고 이것은 무엇보다도 글로벌라이제이션과 관련이 있다. '우리가 누구인가'라기보다 '우리는 어디에서 왔는가', 어쩌면 우리가 되어왔던 것일지도 모르는, 어떻게 우리가 재현되어왔는가 그리고 어떻게 우리가 우리자신을 재현해왔는지와 관련된 것이다(Hall, 1996).

따라서 정체성은 개별적 · 사회 문화적 · 민족적 · 문명적 매개변수들의 어떠한 불안정성과 자기 동일성을 의미한다. 정체성은 통합적인 매개변수이며, 이것의 핵심은 전통적이고 민족적인 문화이다. 글로벌화는 전통적 민족문화에 대한 가장 강력한 시험이다. 정체성 보전의 기본적인 수단은 문화들 사이의 대화와 계승이다. 그러나 오늘날 이러한 일반적인 이야기는 더 이상 해답이 될 수 없다. 오늘날 정체성이 위기에 처하거나 급격히 변화하는 경우, 그리고 정체성이 다원화되는 상황에서는 문화 간 대화와 계승이 어렵기 때문이다. 이것은 개인과 사회에도 적용된다. 기든스에 따르면 포스트모던 사회에서 정체성은 일회적이지도 무난하지도 않은 과정이며, 일련의 자기 딜레마를 수반한다. 글로벌화는 분절화, 가능성의 다양화, 권위의 부재 속에서의 자기규정, 그리고 시장 유사적인 규범화된 행동을 강화한다. 세계적 정체성의 틀은 이런 반면에, 지역적 정체성의 차원에서는 통합화, 가능성의 축소, 권위에 대한 믿음, 그리고 개인적 경험의 우세를 보게 된다는 것이다(Giddens, 1991). 따라서 글로벌화 과정에서 정체성의 문제는 초민족적 경제 공간에서 자기 위상의 정립, 문화적 정체성, 불안과 좌절의 극복에 필수적인 개인적 정체성을 포괄한다. 정체성은 개인적 차원에서는 개별적인 자기 동일성으로, 대중에게서는 자기 동일성의 감정을 불러일으킬 수 있는 사회적 통합으로, 나아가 개인과 사회가 이론적으로 통합된 형태로 사유될 수 있는 가능성으로 나타난다(김창민 외 편역, 2005, pp. 81~98). 그리고 이 과정에서 주목해야 할 키워드가 바로 '문화정체성'이다.

홀에 따르면, 문화 정체성이란 언제나 '특정한 재현체계가 제공하는 주체의 위치가 주어지고', '사람들이 판타지와 욕망에 추동되어 그 위치와 자기 자신을 접합시킴'으로써 형성되는 것이다. 이러한 과정을 통해 형성되는 정체성이란 무한한 의미작용 속에 권력이 개입됨으로써 일시적인 멈춤 혹은 자의적인 닫힘이 일어나는 지점이라고 할 수 있다. 따라서 문화 정체성은 언제나 '필연적인 허구성'과 '허구적인 필연성'이란 이중적인 특질을 갖게 된다. 홀은 이와 같은 문화 정체성의 이중적인 특성을 인식함으로써, 정체성의 허구적인 '필연성'에만 주목하는 본질주의적 입장과 역으로 필연적인 '허구성'만을 주목하는 해체주의의 입장을 효과적으로 비판할 수 있었다. 그 결과, 홀은 우리의 정체성이 언제나 재현의 내부에서 특정한 '위치성'을 가질 수밖에 없고, 자기-충족적인 것이 아니기 때문에 여타의 정체성들과의 가상적인 분리에서 비롯하는 '양가성(ambivalence)'을 지니는 것이며, 끊임없는 역사적인 변화 및 변형에 열려있는 '운동성'을 가지는 것이라고 주장하게 된다. 홀은 문화 정체성에 대한 이러한 새로운 개념화를 그와 같은 정체성을 발판으로 하여 전개되는 '문화정치'의 문제와 연결시키고 있다. 문화정치란 사회적 헤게모니를 둘러싸고 다양한 집단들이 서로 충돌하면서 지배와 타협과 저항의 계기들을 절합,[3] 탈-

3) 스튜어트 홀은 절합(articulation)을 다음과 같이 설명한다. "나는 언제나 절합(articulation)이라는 단어를 사용한다. 비록 내가 그 단어에 귀착시키는 의미가 완벽하게 이해되고 있는지 아닌지를 알지 못할지라도…절합이란 특정한 조건들 하에서 서로 다른 두 요소의 통일성을 만들어낼 수 있는 연결의 형식이다. 그것은 하나의 연결고리지만, 언제나 필연적이지도, 한정적이지도, 절대적이지도, 본질적이지도 않다. 소위 한 담론의 '통일성'이란 실제로는 서로 다른, 차별적인 요소들의 절합인 것이며, 그것들은 어떠한 필연적인 '소속'을 갖지 않기 때문에 다른 방식들로도 재-절합 할 수 있다. 그리고 이러한 맥락에서 '통-

절합, 재-절합하는 의미화 실천을 일컫는 것이다. 이러한 문화정치의 목표, 주체, 방법은 각각 정체성 정치, 절합의 정치, 재현의 정치라는 개념을 통해서 제시된다. '정체성 정치'는 새로운 정치의 형식으로서 자기-반성의 정치, 차이의 정치, 우연성에 열려 있으면서도 여전히 행동할 수 있는 정치를 요청한다. '절합의 정치'는 자신들의 개성을 인식 및 보존하고 있는 다양한 사람들과 집단들을 하나의 헤게모니적인 기획을 위하여 서로 연결시킴으로써 일시적인 통일성을 구성하고자 하는 시도이다. 마지막으로, 이와 같은 정체성 정치와 접합의 정치는 문화정치의 방법론을 제시하는 '재현의 정치'라는 개념과 만날 때 구체적인 전략을 획득하게 된다(정종은, 2006, pp. 35~47).

그러나 세계화시대 문화 정체성을 바라보는 문제는 쉽지 않다. 문화 정체성은 민족, 국가와 불가분의 관계를 맺고 있는데 모든 분야에서 국가 간 상호 교류와 연계성이 강화되면서 민족 정체성 개념이 혼동을 겪고 있기 때문이다. 특히 문화는 이중적이며 모순적인 위치에 있어, 보편화와 특수화, 동질화와 차이, 통합과 분리, 중앙집중화와 탈중심화, 병렬과 융합이 동시에 일어나는 지점이다. 이러한 복합적이고 모순적인 현상을 글로컬라이제이션이라고 명명한다. 즉, 한쪽에는 유사한 문화가 전 세계로 퍼져나가는 세계화가 있으며, 다른 쪽에는 부분적이지만 세계화에 대한 반작용으로 지역, 국가 차원에서의 고유한 문화정체성을 찾으려는 노력이 있다는 것이다. 따라서 현재의 글로벌 문화, 그리고 지역 문화의 결합과 재생산 과정은 단순하게 이분법화해서 바라봐서는 안 된다.

한류, 신한류로 명명되는 현재의 한국 대중문화의 전 지구적 문화교류의 의

일성'이란 절합된 담론과 그것이 특정한 역사적 조건하에서 필연적일 필요는 없으나, 연결될 수 있는 사회적 힘들 사이의 한 연결고리인 것이다." Hall, S.(1986), "On Postmodernism and Articulation: An Interview with Stuart Hal", *Journal of Communication Inquiry*. June, 10(2). pp.45~60.

미를 해석하기 위해서는 문화, 문화를 구성하는 주체들, 그리고 주체들의 주체성이 어떻게 구성하되고 헤게모니가 형성되고 있는지를 살펴봐야 할 것이다. 국내에서 형성되고 있는 주류담론의 경우 K-pop이 재현하고 있는 의미, 그리고 전 세계의 수용자들이 한국의 팝 컬처를 수용하는 과정에서 나타나는 의미생성과정을 간과하고 있으며, 글로벌시대 자본의 논리와 글로벌 문화의 재생산에만 집중하는 경향을 나타내고 있다. 따라서 이 책에서는 정보네트워크, 그리고 이 네트워크를 통해 소통하는 수용자들의 다양한 정체성, 재현방식, 문화교류방식을 좀 더 구체화함으로써 한류문화가 담고 있는 내밀화된 문화의 특징과 의미화 실천의 가능성을 살펴보고자 한다.

2. 민족성/다문화주의/혼종성

'인종'이 대체로 피부나 눈동자 색 같은 신체적 혹은 생물학적 차이들과 관련된 개념이라면, '민족성'은 꼭 가시적이거나 자연에 토대를 두고 있는 것이 아닌 사회적 혹은 문화적 차이들을 기술하는 용어이다. 홀의 「새로운 민족성들」에서 사용된 것처럼 '민족성'이라는 말은 반본질주의적 개념인데, 이는 '차이'를 유전자 안에 고정된 생물학적 혹은 인종적 표지로서가 아니라 문화적 구성물로 이해하려는 시도라 할 수 있다. '민족성'이라는 용어는, 모든 담론은 배치되고 위치 지워지고 놓이는 것이며, 모든 지식은 문맥 의존적이라는 사실, 그리고 주체성의 구성에서 역사, 언어, 문화의 공간을 인정한다. 민족성에 대한 이러한 이해를 바탕으로 홀은 차이의 중요한 범주인 '흑인'을 피부색이나 색소 형성 문제와 관련된 인종적 표지가 아닌, 역사의 흐름에 따라 변해온,

따라서 우연적이고(contingent) 역사적이고 담론적인 '위치짓기'로 다시 해석하고 있다(Stuart Hall, 1996).

이러한 논의는 글로벌시대에 직면하고 있는 문화생산과 문화의 재생산 과정에서 수용자들이 경험하게 되는 다층적 층위의 문화를 이해하는 데 매우 중요하다. 피에터스(Pieterse, 1995)는 글로벌화를 "전 지구적인 혼합물을 부상시키는 혼종화(hybridization)의 과정"으로 정의할 것을 제안하면서, 혼종화를 "형식들이 기존의 실천들과 분리되고 새로운 실천 속에서 새로운 형식들과 결합되는 방식"으로 정의하고 있다(Pieterse, 1995, p. 49).

이와 같이 혼종화로서 글로벌화를 정의하려는 시도는 글로벌화가 정체성의 변용이나 문화번역으로 인해 항상 다면적으로 만들어지고 있음을 강조하는 것이다. 혼종 개념은 배타적 상상의 공동체나 문화의 순수성과 진정성을 강조하는 본질주의나 민족 절대주의 등에 대항하여 "서로 다른 문화가 뒤섞이면서 생기는 정체성의 이중성, 경계성, 중간성을 중요시한다(Iwabuchi, 2001, p. 67). 이러한 문화적 혼종성의 대표적 사례로는 1980년대 중반 이래 전 지구적인 음악산업을 통해 소개된 라틴 팝, 아프리칸 팝, 캐러비안 팝 등 소위 '월드뮤직'을 들 수 있는데, 이는 상업적 팝 음악이나 비상업적 민속 음악의 어느 한쪽으로 분류될 수 없는 독특한 혼합의 성격을 가지고 있다(신현준, 2005).

글로벌 시대 문화를 이해하는 데 중요한 키워드인 '혼종성'의 개념화는 탈식민주의 문화이론의 등장과 함께 이루어졌는데, 대표적으로는 호미 바바(Homi K. Bhabha)이다. 바바는 식민지 하층민이 제국주의자들을 '모방(mimicry)'하는 과정에서 발생하는 '혼종'을 제국적 이데올로기나 미학, 그리고 제국적 정체성을 오염시키는 하층민의 저항으로서 바라본다. 이러한 탈식민적 혼종성 개념은 서구문화의 주변부 세계로의 선형적인 확산이라는 모델을 대체하는 새로운 세계화 이론의 정립에 중요한 출발점을 제공하였다. 이는 낭만적 민족주의나 인종주의에 기반을 둔 문화 본질주의를 지지하는 개념틀을 흐리게 함으로써 기존의 안정적 권력관계를 흔들고 전복시키는 힘을 지니는 것이다. 즉, 민족, 공동체, 인종, 계급 등과 같은 기존의 경계들로부터 우리를 해방시키며 유동적인 다양한 문화적 경험들을 설명할 수 있게 한다(김수정·양은경, 2006, p. 119).

다양한 문화적 경험이 가능한 현대사회의 또 다른 화두는 바로 '다문화', '다문화주의'일 것이다. 글로벌화가 유발한 인구이동의 증가, 세계적 문화교류 등이 이루어지면서 지리적, 국가적 경계구분, 인종, 민족 간의 구분은 의미가 점차 불분명해진지 오래다. 미국, 캐나다, 유럽 등의 서구사회는 다양한 인종이 함께 거주하면서 형성된 사회적 문제를 해결하기 위해 '다문화정책'에 대한 관심이 매우 높았다. 이에 비해 좀 늦은 시기이지만, 최근 결혼, 노동, 교육 등 다양한 분야에서 해외 이주민들의 유입이 늘어나면서 '순혈주의', '단일민족'을 강화해왔던 한국 사회의 틀 역시 변화하고 있다.[4]

현재 국내의 상황도 서구사회의 기존 모습들과 다르지 않은데, 다른 민족,

---

4) 다문화주의 정책은 각 국가별 사회문화적 환경에 따라 수행되는 방식이 약간의 차이를 지닌다. 최근 한국사회에서는 다문화정책에 대한 관심이 매우 높은 상황이지만, 호주의 경우 2007년 '다문화주의'를 공식 폐기한다고 밝히기도 했다. 호주는 1970년대부터 유색인종을 차별하는 '백호주의'를 철회하고 '다문화주의'를 내세우며 대규모의 이민을 받아들였다. 하지만 최근 백인과 중동인과의 갈등이 불거졌고, 2011년, 2012년에는 호주에서 한국인들이 피습되는 사례가 빈번하게 발생하고 있기도 하다. 인종적 갈등이 점차 부각되면서 호주 정부는 '다문화주의 정책'을 철회하는 방법을 선택한 것이다. 이와 같이 다문화주의는 한 사회 내 다양한 인종이나 민족집단의 단일한 문화로 동일화시키지 않고 서로 인정하면서 공존하는 데 그 목적이 있지만, 동시대의 인구정책 등에 직접적인 영향을 받는 이념이기 때문에 다문화주의 이념을 수행하는 것 역시 쉽지 않은 일이기도 하다. 이상길·안지현(2007), 「다문화주의와 미디어/문화연구: 국내 연구동향의 검토와 새로운 전망의 모색」, 『한국언론학보』, 51(5), pp. 58~83.

다른 문화권 사람들이 국내에 장기 거주하면서 우리와 함께 주민으로 생활하는 모습에 익숙해질 수밖에 없으며, 실제로 국내 공장지역이나 도시의 일정 지역, 농어촌의 다문화 가정의 형태로 전국에 걸쳐 다양하게 나타나고 있기 때문이다. 그리고 이와 같은 현상은 '정체성'의 문제와 직결된다. 이를 반영하듯이 국내에 유입된 인구의 사회문화적 특성이 한국의 문화와 만나면서 나타나는 현상들을 안정적으로 안착시키기 위해 다각적인 노력들이 진행되고 있다. 문제는 서구사회의 모델을 무조건적으로 받아들여서도 안 되고, 기존의 '단일민족주의'를 그대로 유지할 수도 없는 상황이라는 점이다. 이와 같은 이분법적 접근보다는 현재 한국사회가 직면하고 있는 변화를 사회문화적 특성에 맞게 해석하고, 이 과정에서 발견된 의미를 정책에 반영하려는 시각이 요구된다. 그리고 이를 기반으로 최근 '한류'가 관심을 받을 수 있었던 이유를 설명할 수 있을 것이다.

따라서 이 책에서는 한류문화를 통해 형성되고 있는 한국의 '민족성' 담론이 어떠한 주체들의 참여로 위치지워지고 배치되는지를 분석하고자 한다. 이 과정에서 주류담론이 담아내지 못하는 수용자들의 능동적 소비와 의미생성 과정을 제시할 수 있을 것이다. 사회적, 문화적 차이가 한류를 매개로 어떻게 소통되고 교류되는지 좀 더 구체적으로 살펴볼 것이다.

3. 미디어에서 재현되는 대중문화

2012년 1월은 K-pop의 세계적 인기를 피부로 실감할 수 있었던 시기로 기억된다. 한국의 대표적 걸그룹 '소녀시대(Girl's Generation)'가 미국 CBS 토크쇼 〈데이비드 레터맨 쇼〉(The Late Show with David Letterman), ABC 토크쇼 〈라이브 위드 켈리〉(Live! with Kelly)에 출연했기 때문이다.[5] 무엇보다도, 미국 방송사의 인기 토크쇼에 한국의 가수가 출연했다는 것은 오랜기간 한국의 대중문화가 닮고 싶어 했던, 한국 내에서의 미국문화의 상징적 차용이 끊임없이 이루어진 역사적 과정을 고려했을 때 큰 사건임에는 틀림없다.

이렇게 로컬적 차원이 아닌 글로벌한 차원에서 한국 K-pop을 주도하고 있는 아이돌 그룹에 대한 관심이 높아지면서, 국내 수용자들뿐만 아니라 해외의 수용자들을 대상으로 하는 미디어 콘텐츠들이 계속 생산되고 있다. 과거 한류가 텔레비전이라는 매체를 주요 플랫폼으로 하는 드라마 콘텐츠를 주로 소비했다면, 현재는 다양한 플랫폼을 자유자재로 이용하는 수용자들의 매체접근적 특성에 따라 뮤직 비디오, 리얼리티 쇼, 음악 방송 등 다양한 형태의 콘텐츠가 생산, 유통, 소비되고 있기 때문이다.

해외에서의 한류 콘텐츠 소비가 점차 늘어나면서 미디어에서도 한류현상을 다루는 비중 역시 증가했다. 국내 콘텐츠에 대한 국내외 수용자들의 피드백을 중점적으로 다룸으로써 K-pop을 묘사한다. 해외 팬덤이 아시아뿐만 아니라 서구사회에서도 형성된다는 것에 큰 의미를 둔다. 일례로 프랑스 루브르박물관 앞에서 300여 명이 적극적으로 한류 가수의 콘서트 개최를 요청하는 이벤트 등을 적극적으로 보도했다. 이뿐만 아니라 인기 아이돌 그룹을 키워낸 기획사의 전략, 아이돌 그룹의 일상생활, 그리고 국내 대표 연예기획사가 K-pop을 통해 얼마나 큰 경제적 수익을 얻고 있는지 관련 데이터를 집중적으로 다룬다.

---

5) 한국 아이돌 그룹 소녀시대는 2012년 1월 31일에는 CBS 토크쇼 데이비드 레터맨 쇼(The Late Show with David Letterman) 그리고 2012년 2월 1일에는 ABC 토크쇼 라이브 위드 켈리(Live! with Kelly)에 출연했다.

이와 같은 '한류' 관련 영상이나 뉴스기사들을 접하게 되는 국내 수용자들에게 카메라 렌즈가 재현하는 영상 이미지가 미치는 영향력은 크다. 물론 오늘날의 수용자들은 미디어에서 재현되는 의미들을 무비판적으로 받아들이지는 않는다. 그러나 영상 메시지가 재현하는 기표와 기의의 의미화 작용에 적극적으로 개입하는 것 역시 보편적인 현상은 아니며, 미디어가 제외한 메시지보다는 미디어가 집중적으로 보도하는 메시지에 관심을 갖게 되는 것은 자연스러운 현상이 되었기 때문이다. 이에 대해 홀(1973)은 텔레비전(미디어)이 재현하는 의미는 실재를 그대로 재현하는 것이 아니라 실재를 구성 혹은 왜곡한다고 본다(James Procter 저, 손유경 옮김, p. 120).

> 내가 기호학적 관점을 차용한다 해도, 나는 이것을 오로지 텔레비전 담론의 내재적 구조에만 관련되는 폐쇄적인 형식적 관심을 가리키는 것으로 간주하지 않는다. 그것은 의사소통 과정에 존재하는 사회적 관계들에 대한 관련성을 반드시 포함해야 한다.

그렇다면, 수용자는 미디어 메시지의 의미를 벗어나서 사유하기는 어려울까? 홀은 그에 대한 대안으로 해석적 주체로서의 수용자를 상정한다. 매스커뮤니케이션 연구에서 '수신자'는 직선의 끝을 상정하지만 홀은 그렇게 보지 않았다. 생산이 소비를 결정하듯 소비는 생산을 결정한다고 본다. 홀은 하나의 절합된 의사소통 모델을 제안하는데, 이 모델의 의미는 순회하는 도중 어떤 특정 순간에 자리를 잡지도, 그것으로 보장받지도 못한다. 생산, 유통 등의 과정들은 그것들과 연결된 다른 계기들과 관련을 맺으며 상호 결정된다. 홀은 기호화와 기호 해독은 중층적으로 결정된, 상대적으로 자율적인 계기들임을 암시하고 있다(James Procter저, 손유경 역, 위의 책, p. 122). 홀은 수용자를 적극적으로 행동하는 해석적 주체로 위치짓는 것을 주저하지 않는데, 미디어가 재현하는 메시지에 저항하는 '대항적 해석[6]'을 대안으로 제시한다. 여기에서 중요한 것은 미디어에서 재현되는 '기호', '의미'는 폐쇄적이며 형식적이지 않다는 것이다. 텔레비전 담론은 강제가 아닌 동의로 지배적 문화 질서의 가치와 의미들을 재생산하고 보호하는 데 중요한 이데올로기적 역할을 한다. 그러나 이러한 지배적 혹은 선호된 의미들은 뭔가 다른 것을 뜻할 수 있도록 항상 열려있다는 것을 간과해서는 안 된다. 이러한 맥락에서 미디어는 이데올로기를 표현하는 것뿐 아니라 이데올로기적 투쟁이 일어나는 장소이기도 한다.

20세기 후반 이후 글로벌 체제에서 자본주의의 확장을 위한 국가, 국경의 의미가 변화하면서 다양한 문화의 구성원이 함께 공존하는 다문화사회는 현

---

6) 「텔레비전 담론의 부호화와 해독」이라는 글에서 홀은 이제까지 커뮤니케이션을 생산자와 수용자의 일방적인 관계로 보는 관점에서 벗어나서 생산과 소비가 다양한 영향력에 의해서 중층결정된다고 보았다. 텔레비전을 보는 수용자는 다양한 사람들로 구성되어 있기 때문에 이를 받아들이는 방식도 다양하게 마련이다. 때문에 생산자의 의도와 수용자의 수용결과는 차이가 있을 수 있고 이 때문에 오해가 생기고 왜곡이 나타나게 되는 것이다. 그러나 이러한 오해는 완전히 의도와 어긋나는 방식으로 발생하지는 않는다. 왜냐하면 커뮤니케이션은 우리가 사용하는 언어를 부호화해서 전달하기 때문이다. 부호화한다는 말은 우리가 알고 있고 이해할 수 있는 방식으로 만든다는 얘기인데, 부호화된 메시지에서 부호는 이미 사회 내에서 어느 정도는 범주가 규정되어있고 그 부호에 의해서 지배되는 체제 속에서 메시지가 해석되기 때문이다. 또한 텔레비전의 시각기호 역시 부호화되어서 전달되기 때문에 부호를 해체하고 해석하여 그 속에 담겨있는 의미를 파악해 내는 것이 중요하다. 홀은 사람들이 텔레비전 메시지를 해석할 때 세 가지 입장이 있음을 주장했다. 그것은 선호 해독, 교섭적 해독, 대항적 해독으로 나뉜다. 선호해독은 메시지의 의미를 전부 그대로 받아들이는 것을 의미하는데 실제로는 거의 일어나지 않는다. 우리들 대부분은 교섭적 해독에 의해서 텔레비전을 시청하는데 부호의 지배적인 의미를 해석하고 예외도 인정하는 입장이다. 마지막으로 대항적 해독은 메시지의 의도와는 반대의 입장으로 해석하는 것이다. 텍스트는 사람에 따라서 다양하게 해석될 수 있기 때문에 이 세 가지 입장은 분리된 것이 아니다. 그리고 홀은 대항적 해독에서 텍스트의 지배적인 의미를 대립적인 의미로 바꾸는 것을 담론의 투쟁이라고 하는데 이를 이데올로기적, 정치적으로 설명함으로써 텍스트를 문화 내에 존재하는 정치 사회 구조로서의 분석대상으로 삼고 있다. Graeme Turner, 김연종 옮김(1996), 『문화연구입문』, 한나래.

실의 문제가 되었다. 다문화주의의 제도화 과정에서 다문화와 미디어가 어떻게 상호작용하는지를 통해 사회문화적 가치를 확인할 수 있게 되었기 때문이다. 따라서 다문화주의가 미디어에서 어떻게 재현되는가의 문제가 사회의 가치와 의식을 결정하고 확인할 수 있는 주요 의제가 됨에 따라 많은 학자들은 미디어의 재현에 큰 관심을 갖게 되었다.

홀(Hall, 1996)은 미디어 재현에서 사회적 그룹이 어떻게 나타나지 않는가를 중심으로 문화적 다양성과 민주주의 관계를 볼 수 있다고 지적한다. 미디어 재현은 사회적 힘의 위계에서의 다양한 사회적 그룹의 배치와 민주주의의 관계에 대한 사회적 구성을 드러낸다. 클라크(Clark, 1969)는 사회적 소수자에 대한 미디어의 재현 방식이 상징적 부재, 조소, 규제, 존경이라는 연대기적으로 발전하는 과정이라는 점에 주목한다. 상징적 부재는 미디어에서 특정한 사회적 그룹의 인물이 사회적 규범에 부적합한 인물로 묘사되는 시기를 말한다. 반면, 규제 단계에서는 사회적 질서 유지를 담당하는 경찰 등의 긍정적인 인물로 나타나기도 하며, 궁극적으로 사회적 인정을 통하여 다른 사회적 그룹과 마찬가지로 긍정적이거나 부정적인 면들이 동시에 나타나는 단계가 형성된다. 사모바와 포터(Samover & Porter, 2004)에 의하면 보통 사람들은 사고방식, 습관, 특성이 같은 사람을 가까이 하고자 하는데, 이 과정에서 우리 자신과 다른 사람들을 배척하거나 제거할 때 문제가 발생한다. 유사한 것과 상이한 것을 구분하여 커다란 카테고리로 단순화시켜 묶게 될 경우 현실은 심하게 왜곡되어 나타날 수 있다. 특히 매스 미디어는 이미지의 왜곡에 영향을 줄 수 있다. 켈러(Keller, 1997)는 미디어를 통해 나타나는 콘텐츠는 "순수한 오락물이 아니라 정치적 수사, 투쟁, 의제 그리고 정책에 속박되어 있는 전적으로 이데올로기 산물"이라고 하였다. 즉 켈러는 다문화주의를 "지배문화에 의한 고정 관념화, 왜곡에 저항하고자 하는 모든 사람들에게 통용될 수 있는 일반적 규정"이라고 정의하였다(김선남·홍숙영, 2009, p. 42).

미디어에서 재현되는 한류 담론 역시 지배문화질서의 가치와 의미들을 재생산하는 데 크게 활용되고 있다. 텔레비전 뉴스, 신문, 그리고 인터넷에서 유통되는 K-pop 관련 뉴스들 모두 한국의 문화적 우수성, 아이돌 그룹의 뛰어난 실력과 퍼포먼스, 해외 팬들의 요청으로 열리는 콘서트 열풍 등의 정보생산이 계속 이루어지고 있다. 한국 팝 컬처가 아이돌 그룹의 음악만 존재하는 것이 아님에도 불구하고 그 외의 장르와 음악인들은 배제되고 있으며, 수용자층에 대한 분석 역시 특정 장르와 음악인에 편중되어 있다.

이동연(2006)은 한류가 아시아 권역의 글로벌 문화지수를 대변하는 데 있어 완전히 독자적인 지위를 확보하기는 어렵다고 설명한다. 한류를 글로벌 시대의 국지적 문화 다양성의 사례로 온전하게 평가하기에는 미국적 동질화로부터 완전히 자유로울 수 없고, 한류의 콘텐츠 자체도 그렇게 다양하게 아시아에 소개되었다고 볼 수 없다는 것이다. 한류의 글로벌 특성에는 모방과 응용, 흉내내기와 자기변용으로 간주할 것들이 많아 창작, 제작, 배급, 소비의 과정에서 독자적인 국지성을 갖는다는 것은 사실상 불가능하며, 한류 역시 미국의 라이프스타일이나 일본의 문화유행을 토착화하는 방식을 통한 권역으로의 재진출이기 때문에 문화적 복제라기보다는 '문화적 혼종화'로 바라봐야 한다는 것이다. 긍정적 의미의 문화다양성이라고 해석하기에는 어려움이 있다고 할 수 있다.

초창기 한류에 대한 논의에서는 국제커뮤니케이션 측면에서 외국과의 문화교류를 활성화하거나, 국내 방송콘텐츠 수출을 활성화시킬 수 있는 '우연한 계기'로서 한류를 바라보았던 관점(강태영, 2002)이 지배적이었다. 이후 다양한 문화상품이 수출되면서 한국의 대중문화를 국외로 확산하려는 문화산업적 내지는 문화제국주의적 관점(김휴종, 2001; 임진모, 2001)이 사회적 관심을 끌게 되었다.

이후 '한류'가 방송콘텐츠 수출로 인해 나타나는 수익성뿐만 아니라 문화재생산의 측면이나 연관 산업으로 인해 형성되는 시장규모가 커지게 되면서 보다 체계적인 접근이 이루어져야 한다는 논의들이 지배적으로 나타나기 시작하였다.

광고영업이 자유롭고 미디어 복합 그룹으로 구조 개편을 실시하고 있는 중국시장을 고려한 다양한 미디어 믹싱 전략을 수행할 수 있도록 국내 미디어 기업들의 규제 완화나 구조 개편이 필요하다는 논의(강만석, 2004, 2005), 해외 시장 개척에 효율적이고 민첩하게 대응할 수 있도록 지상파 방송사 중심의 국내 방송산업의 구조를 개편해야 한다는 논의(임정수, 2004), 방송콘텐츠에 대한 논의들로 방송콘텐츠의 차별화 및 다양화 전략, 새로운 포맷 및 장르 개발, 공동제작 등이 한류를 지속시키는 데 있어 중요하다는 논의(강만석, 2004), 그리고 인력부문에서는 교육기관설립과 교육 프로그램 개발 등 교육정책, 마케팅 지원센터 건립 등의 지원정책과 스타마케팅, 연관 산업 분야와의 마케팅, 해외 공동 마케팅 등의 정책들을 제안하고 있다(조성룡, 2005; 김휴종 2005). 또한 한류를 지속시키기 위해서 상호교류의 중요성을 언급하며 상호주의에 입각한 아시아 공동체 의식 공유, 상시적 커뮤니케이션 통로 확보 등의 제안이 있기도 했다(이은미·정용준, 2005). 방송프로그램의 제작과 유통의 문제뿐만 아니라 국가 정책적 측면에서 지적재산권, 자금 지원의 문제, 수출입 절차 및 심의 절차 간소화 등에 대한 논의들도 진행되고 있다. 최근에는 K-pop이 부각되면서 K-pop 담론이 집중적으로 생산되고 있는데, 주목받고 있는 국내 매니지먼트사의 아이돌 육성 전략(이문행, 2011), 한류 관련 연예기획사의 문제 분석과 한류의 미래에 대한 진단(원용진 · 김지만, 2011), 그리고 동아시아지역에서 벗어나 유럽에서의 K-pop의 팬덤 분석과 의미(손승혜, 2011) 등의 연구들이 점차 늘어나고 있는 추세이다. 이와 같이 국내 미디어 담론은 학계의 논문들 중 연예기획사의 문제와 현재 한류의 불안정성에 대한 분석이나 수용자의 능동성에 포커스를 맞춘 연구들도 있으나 한류상품을 한국의 대표적 문화수출상품으로 만들기 위해 필요한 국가적 차원의 지원, 기업의 주체적 참여 등에 대한 논의가 주를 이룬다.

따라서 한류문화가 미디어 내에서는 어떻게 배치되고 위치 지워지는지, '재현'방식과 의미화 과정, 능동적 수용자와의 실천적 연대, 권력의 생산방식 등을 구체적으로 분석하는 것은 보다 입체적으로 한류문화를 특징을 이해하는 방법이 될 것이다.

4. 전 지구화(globalization)와 지역화(localization)

글로벌라이제이션은 현대 사회를 정의하는 데 빼놓을 수 없는 중요한 요소 중 하나이다. 공간이나 지역에 따라 명확하게 구분되어 있던 기존의 대중문화 현상이 '글로벌라이제이션'이 진행됨에 따라 미디어를 비롯한 각종 정보, 통신 매체의 진화, 새로운 테크놀로지, 교통수단의 대중화 등으로 각 국가별 경계를 느슨하게 만들고 교류를 확장시켰다. '한류문화' 역시 이 과정에서 생산되었고 현재 전 세계로 확산되고 있다. 아시아뿐만 아니라 미국과 유럽까지 한류문화가 확장될 수 있었던 것 역시 글로벌라이제이션으로 인해 나타난

사회구조 변화와도 밀접한 연관성을 가진다.

　글로벌라이제이션은 미디어와 테크놀로지의 발전을 통해 생성된 '상상의 공간' 속에서 분리되어 있던 지구상의 여러 영역들이 교차하는 과정을 설명하는 개념이다. 즉, 새로운 형태의 전 지구적, 지역적, 초국적 공동체 내지는 조직들을 창출하며 영토적 경계를 넘어서 사람들을 통합하는 한편, 전통적인 민족 국가의 경계 내·외부에서 공동체를 분리하고 분화한다(Hall, 2000). 아파두라이(Appadurai, 1996)는 '글로벌라이제이션' 개념이 국가의 규제나 구속력을 쉽게 뛰어넘는 자본이나 기업의 거시적인 움직임뿐만 아니라 이민이나 여행에 의한 인간 이동의 가속화라든지 미디어 커뮤니케이션 발달로 통제하기 어려운 사람, 상품, 정보, 이미지의 미시적인 연계까지 염두에 두면서 국가의 틀에서는 파악하기 어려운 국경을 넘는 문화의 새로운 흐름, 관계를 의미하는 것이라고 설명한다. 이러한 흐름에 따라 사람들은 이제 자국의 매체뿐만 아니라 다른 국가의 매체들까지 아우르는 커뮤니케이션 매체들을 통해 전 세계의 사건을 함께 공유하고 경험하게 되었다. 하비(Harvey, 1989)는 이처럼 전 지구화를 통해서 최근 20년간 문화생활이나 사회생활은 물론 정치, 경제적 실천과 계급 간 세력 균형을 무너뜨리는 시공간 압축의 심화 국면이 진행되어왔으며, 이것은 현재까지 지속되고 있다고 지적한다. 기존의 사회에서 시간과 공간은 인간 생활의 기본 범주였으며, 인간 생활의 영역의 의미는 시간과 공간에서 펼쳐졌지만, 전 지구화와 글로벌 미디어의 등장은 이러한 시간과 공간의 분리를 가능하게 하였고, 대중들에게 새로운 장소감, 새로운 과거 감각, 새로운 소속감을 갖게 한다는 것이다. 따라서 시·공간의 압축은 우리가 경험하는 공간과 시간에 대한 우리의 개념을 변화시키는 과정을 의미한다(Chris Barker 지음, 하종원·주은우 옮김, 2001). 이와 같은 특성은 2000년대 들어 진행된 아시아에서의 한류 확산과정에서도 확인할 수 있다. 한국에서 생산된 대중문화가 자국, 즉 로컬지역뿐만 아니라 다른 나라의 미디어를 통해 재현되면서 수용자들은 자신이 방문하지 못한 곳, 즉 한국에 대한 상상의 이미지를 구축하고 경험하게 되기 때문이다. 한 사회와 다른 사회 간의 전 지구적 상호 작용을 통해서 사회, 정치, 경제활동은 매우 동떨어진 다른 지역에 있는 개인과 공동체에게 직접적인 중요성을 가질 수 있게 된다. 동시에 현대의 세계 공동체를 구성하는 국가 및 사회들 간의 상호 작용, 상호 연관성, 상호 의존의 수준이 강화되고 심화되는 것을 의미한다(스튜어트 홀 외 지음, 2000). 이에 따라 현대인들은 비록 물리적으로는 지역에 국한된 생활을 할지라도, 그들이 인지할 수 있는 세계는 전 지구적이 되었다(Giddens, 1991). 전 지구화를 이해하기 위해서는 사람들이 구축하는 새로운 삶의 방식이나 확장된 삶의 영역, 이를 통한 문화적 정체성의 변화를 이해하는 것은 매우 중요하다.

서구 중심의 근대 자본주의의 전 지구적 확산은 많은 비서구 지역이 제국주의와 식민주의라는 폭력 속에서 그리고 구조적으로 극히 불균형한 문화 왕래 속에서 근대 경험을 하게 했다. 그러나 비서구에서 강제된 근대 경험이야말로 지역이라는 '장'에서 다양한 형태의 토착화된 근대를 낳고 문화의 다양화와 새로운 차이를 만들고 있다. 그러나 문화 차이가 만들어지는 과정 또한 구조적 규제에서 자유로운 것은 아니다. 오히려 세계를 동질화하려는 전 지구화의 힘은 예측 불가능한 '문화 차이의 조직 시스템'을 계속 만들어내고 있다. 몰리와 로빈스(Morly & Robins, 1995)는 '글로벌-로컬' 연결이야말로 글로벌과 로컬의 복잡한 문화적인 연결과 상관성을 언급하고, 전 지구화는 지역화의 새로운 역학과 깊은 관계가 있다고 주장한다. 그리고 로버트슨(Robertson, 1992; 1995)도 자신의 주장이 단순한 기능주의적 모델과 동일시되지 않도록

주의하면서 전 지구화란 전 지구적 차원에서 상호 연결이 많이 조직화되어 '새로운' 특수성이 제도화되는 과정이라고 정의하였다. 여기에서 중요한 점은 문화제국주의의 논리처럼 '로컬'은 '글로벌'과 명확히 분리되며 글로벌에 대항하는 것으로 이상화된다거나 본질적으로 정의되지 않는다는 점이다. 또한 '로컬'이라는 개념을 두고 문화적으로 주변에 있는 사람들이 자유롭고 창조적인 실천을 하고 있다고 무조건 받아들일 수는 없다. 로컬에서 이루어지는 문화 실천은 어디까지나 전 지구화의 동질화 역학에 의해 구성되어 추진되고 있기 때문이다. 이는 로컬과 글로벌의 문화접촉에 의해 특수주의나 지역주의가 새로 창조된 한편, 다양성과 차이의 주장 그 자체를 가능하게 하는 공통 모델이 전 세계에 퍼져 있음을 보여준다. 윌크(Wilk, 1995)의 논의처럼 전 지구적 문화 체계는 전 지구적으로 퍼져 있는 공통의 모델을 통해 그 패권을 보여준다. 그것은 동시에 세계 각지에서 다양한 문화적 차이와 문화 근대성을 만들어가는 과정이기도 하다. 다시 말해서 전 지구화의 영향력은 지역이라는 만남의 장에서만 발휘되는 것이며 지역의 문화적 창조력도 전 지구화의 맥락 없이는 생각할 수 없게 되었다(이와 부치 고이치 지음, 히라타 유키에 · 전오경 옮김, 2004, pp. 55~56).

참고문헌

강만석(2004).『중국 디지털 방송연구』. 커뮤니케이션북스.

_____ (2005).『방송통신융합시대 디지털 시대 공영방송의 좌표와 개혁』. 커뮤니케이션북스.

강태영(2002).『지상파 방송 프로그램 수출이 경영 성과에 미치는 효과』. 커뮤니케이션학연구. 제19권 1호(봄호), pp. 55~72.

김선남·홍숙영(2009).「다문화 관련 TV프로그램의 시청동기에 관한 연구」.『주관성연구』, 통권 제18호, pp. 41~55.

김수정·양은경(2006).「동아시아 대중문화물의 수용과 혼종성의 이해」.『한국언론학보』, 제50권 1호, pp. 115~136.

김선남·홍숙영(2009).「다문화 관련 TV프로그램의 시청동기에 관한 연구」.『주관성연구』, 통권 제18호, pp. 41~55.

김창민 외 편역(2005).『세계화 시대의 문화 논리』. 한울.

김휴종(2001).「문화정책성의 맥락에서본 문화산업 정책의 방향」.『문화정책논총』. 제13집. 한국문화관광연구원, pp. 97~123.

_____ (2005).「한일 문화교류 증진을 위한 보고서」. 한일문화교류회의.

Graeme Turner 저. 김연종 옮김(1996).『문화연구입문』, 한나래.

Duglas, Keller. 김수정·정종희 옮김(1997).『미디어 문화』. 새물결.

Michael, Hardt. & Antonio, Negri.(2000), 윤수종 옮김(2001).『제국』. 이학사.

손승혜(2011).「유럽의 한류와 K-pop 팬덤 형성 과정과 그 의미: Korean Connection의 활동 사례를 중심으로」. 한류 2.0시대의 진단과 분석. 한국언론학회 세미나 발표문.

스튜어트 홀 외 저. 전효관 역(2001).『현대성과 현대문화』. 현실문화연구.

신현준(2005).「K-pop의 문화정치(학): 월경(越境)하는 대중음악에 관한 하나의 사례연구」.『언론과 사회』13권 3호. pp. 7~36.

Anthony, Giddens(1991). *Modernity and Self-Identity: Self and Society in the Late*

Modern Age. Stanford University Press.

이동연(2006). 『아시아 문화연구를 상상하기』. 그린비.

이문행(2011). 「국내 연예매니지먼트 회사의 아이돌 스타 육성 전략에 관한 연구: SM 엔터테인먼트를 중심으로」. 『한류 2.0시대의 진단과 분석』. 한국언론학회 세미나 발표문, pp. 3~25.

이상길(2004). 「문화연구의 아포리아: '위기담론'에 대한 반성을 중심으로」, 『한국언론학보』, 48권 5호, 2004년 10월, pp. 79~109.

이상길 · 안지현(2007). 「다문화주의와 미디어/문화연구: 국내 연구동향의 검토와 새로운 전망의 모색」, 『한국언론학보』, 51(5), pp. 58~83.

이은미 · 정용준(2005). 「한중 방송 프로그램 및 채널 교류 현황과 개선방향」. 한국방송학회 세미나 발표문.

임정수(2004). 『디지털 시대의 미디어 산업』. 한울.

임진모(2001). 「한류경제학이 가동되어야 할 시점-대중문화 측면에서의 한국의 역할」. 『문화예술』, 18권 3호.

원용진 · 김지만(2011). 「연성국가주의에 편승한 연예기획사와 한류의 미래, 한류 2.0 시대의 진단과 분석」. 한국언론학회 세미나 발표문.

Raymond Williams(2001). *Long Revolution*, Broadview Press. 성은애 역(2007). 『기나긴 혁명』. 문학동네.

_____, 김성기 역(2010). 『키워드』. 민음사.

정종은(2006). 「스튜어트 홀의 문화정체성 이론 연구」. 서울대학교 미학과 대학원 석사논문.

조성룡 외(2005). 「한류 실태 파악을 통한 활성화 방안 연구 보고서」. (재)아시아문화교류재단.

조영한(2011). 아시아의 한류 속에 동아시아 찾기. 한국언론학회 2011 봄철 정기학술대회 문화젠더분과 발표 논문.

황상재 · 전범수 · 정윤경 편. 『국제 커뮤니케이션』. 나남.

Iwabuchi(2001). *Transnational Japan*. 히라타 유끼에 · 전오경 공역, 『아시아를 잇는 대중문화』. 서울: 또 하나의 문화.

James Procter(2004). *Stuart Hall*, 손유경 옮김(2006).『지금 스튜어트 홀』. 앨피.

Morly David and Robins Kevin(1995). *Spaces of Identities: Global media, electronic dialogues in cultural studies*, London: Routledge.

Pieterse, J. N.(1995). Globalization as Hybrization. In M. Featherstone, S . Lash and R.Robertson (eds). *Global Modernities*. London: Sage.

Stuart Hall(1986). On Postmodernism and Articulation: An Interview with Stuart Hall, *Journal of Communication Inquiry*. June, 10(2). pp.45~60.

_____(1991).The local and the global: Globalization and ethnicity. In A. King (ed). *Culture, globalization and the world system*. London: Macmillan.

_____(1996). Introduction: 'Who Needs Identity?', in Hall, S and Du Gay, P(edu). *Cultural Identity*. London: Sage.

Stuart Hall, New ethcicities, 442~451. David Morly & Kuan-Hsing Chen (eds).(1996). *Critical dialogues in cultural studies*. Routledge.

Wilk, Richard(1995). Learning to be local in Beliz: Global systems of common difference' in D. Miller (ed) *Worlds Apart: Modernity through the prism of the local*, London : Routledge.

2장
신한류 등장의 배경

한류문화가 형성되는 데 있어서 미디어의 역할은 매우 중요했다. 1990년대에는 드라마가 텔레비전을 통해, 2000년대 초반에는 K-pop이 유튜브 등의 소셜 미디어를 통해 알려졌기 때문이다. 그리고 한류가 크게 주목받을 수 있었던 이유 중 하나는 미디어를 통해 문화를 공유하고, 소통하면서 감성 네트워크를 형성한 수용자들의 역할이 컸다. 기존의 매스 미디어와 달리 디지털 미디어는 이용자의 시간적·공간적 상황에 맞춰 소통을 가능하게 만든다. 이 과정에서 디지털 테크놀로지가 만들어내는 시공간 압축은 전 세계 각지에 흩어져 있는 수용자들을 연결해 '가상공동체'를 형성하였으며, 각 미디어 채널을 통한 초국가적 문화교류는 각 개인들이 체험하는 문화경험의 범위를 확대시켰다.

한류가 1990년대 드라마를 통해 아시아 지역에서 형성되었다면, 신한류는 한국의 음악, K-pop으로 불리며 전 세계를 대상으로 형성되고 있다. 전 세계를 대상으로 할 수 있었던 데에는 음악이라는 장르가 비교적 문화할인율이 낮다는 점, 소셜 미디어 등 글로벌한 인적 네트워크 구축이 훨씬 용이하다는 점 등의 요인이 작용했다. 따라서 신한류를 논의할 때 유튜브 등 소셜 미디어의 역할이 항상 같이 논의된다. 하지만 현재의 소셜 미디어의 역할이 갑작스럽게 등장한 것은 아니다. 이미 미디어 문화는 매스 미디어에서부터 인터넷, 그리고 현재의 소셜 미디어까지 발달하는 과정에서 끊임없이 생산·재생산되어왔다. 미디어 기능의 확대를 가져온 디지털 미디어는 이용자들의 자유로운 의사소통, 정보 생산 등이 가능하도록 하였고, 일반인의 정치 참여뿐만 아니라, 개인의 자유로운 문화 향유, 폭넓은 인적 네트워크 구축, 하위문화의 재생산 등 변화를 가져왔다. 물론 여기에는 빅브라더(Big Brother)와 같은 검열과 감시체제의 구축이라는 부정적인 측면도 함께 동반하고 있지만, 디지털 '장'에서 나타나는 새로운 사회문화 현상들은 과거에 비해 사회에 훨씬 큰 영향을 미치고 있다. 실제로 이용자들은 정치, 경제, 문화 등 다양한 영역에 적극적으로 의견을 표현하면서 디지털 공간을 소통의 공간으로 활용하고 있다. 또한 실시간에 가까운 정보생산으로 과거 근대화 시대 삶의 중요한 기준이 되었던 시간과 공간 개념의 변화도 가져왔다. 따라서 소셜 미디어를 이용하는 대중들은 매스 미디어 이용자들에 비해 세분화되고 개별화된 미디어 이용 방식의 구축과 정보이용자이자 소비자로서의 역할을 부여받으면서 시간과 공간의 개념을 자유롭게 인식하게 되었다. 이와 같은 미디어 환경의 구축은 이용자들 간 초국가적 문화향유와 의사소통을 가능하게 하였고, 글로벌한 인적 네트워크 구축 역시 가능하게 하였다. 일례로 유튜브에서 높은 인기를 끌었던 영상의 주인공들이 글로벌 CF스타가 되거나 자신이 업데이트 한 영상이 전 세계에 알려지면서, 해외에서 활발한 활동을 할 수 있는 기회를 갖기도 한다. 사회정치적 영역에서도 비슷한 사례들이 확인되었는데, 중동지역에서는 자국의 방송사에서는 통제되었던 정치적 문제들이 SNS를 통해 전 세계에

알려지기도 했다.[1]

이와 같이 모바일, 인터넷, SNS 등이 실시간으로 연결될 수 있는 다중 미디어 플랫폼이 구축되면서 시간과 장소에 구애받지 않는 정보생산과 소비가 이루어지고 있다. 그 적용 영역도 다양하며, 이용자들도 정보생산과 문화생산 주체라는 역할을 부여받는다. 일상적으로 친구와 통화를 하거나 이야기를 하는 것처럼 소셜 미디어를 통해 인적 네트워크를 구축하고 정보를 생산하는 것 역시 보편적 현상이 되었다. 실제로 현재 트위터 전 세계 가입자는 2012년 7월 기준 5억 명을,[2] 2012년 5월 기준 전 세계 페이스북 가입자는 9억 명을 넘어섰다.[3] 동시적 혹은 비동시적으로 연결될 수 있는 인적 네트워크의 구축으로 이용자들의 참여, 정보생산 등은 상상을 초월할 정도다. 오늘날의 미디어 환경에서 텍스트, 음향, 영상, 신체동작, 행동사건 등의 혼합이 자기와 자아를 형성시킨다는 하트만의 논의 역시 이와 같은 현상을 설명할 수 있는 근거가 될 것이다(Hartmann, 2000, pp. 25~35).

현재의 미디어 환경에서 나타난 K-pop의 인기 역시 소셜 미디어 네트워크를 통해 활발하게 소비될 수 있는 문화소비 구조가 전제되었기에 동아시아뿐 아니라 그 외의 지역까지 확산될 수 있었다고 볼 수 있다. 실제로 음악은

---

1) 중동지역의 SNS활용 사례로는 튀니지의 '쟈스민 혁명'이 대표적 사례이다. 2010년부터 2011년에 걸쳐 튀니지에서 일어난 혁명으로 튀니지의 나라꽃인 쟈스민을 빗대어 쟈스민 혁명이라고 불린다. 2010년 튀니지의 26살 청년 모하메드 부아지지가 부패한 경찰의 노점상 단속으로 생존권을 위협받자 이에 분신자살로 항의했다. 이 사건을 계기로 튀니지 민중은 반 정부 시위로써 독재정권에 저항하였다. 민중들의 반정부 투쟁은 2011년까지 국내 전역으로 확산되었고, 군부가 중립을 지킴에 따라 제인 엘아비디네 벤 알리 대통령이 사우디아라비아로 망명하여 24년 계속된 독재정권이 붕괴되었다. 일련의 폭동은 정보 공유를 통해, 페이스북을 통한 인터넷에 의한 정보교환이 힘을 발휘했고, 유튜브, 트위터 등 인터넷 매체도 중요한 역할을 했다고 평가받는다.

2) "사용자 5억 명 돌파, 트위터.... 가장 활발한 곳은?", 2012.07.31. 머니투데이.

3) "소통의 시대에서 경청의 시대로", 이코노믹리뷰. 2012.8.20.

멜로디만으로 문화, 사회적 환경, 인종 등 모든 것을 뛰어넘을 수 있는 특징을 지닌다. 그리고 현재 한류를 이끄는 음악 콘텐츠가 네트워크 플랫폼을 만나게 되면서 이러한 속성은 더욱 빛을 발하게 된 것이다. 하나의 문화현상이 생산되고 향유가 가능해진 것은 다양한 층위의 요소들이 서로 절합되는 과정이 전제되었기 때문이며, 한류문화도 이 과정에서 나타난 것이다. 그리고 최근 다시 주목받고 있는 '신한류' 역시 같은 맥락에서 생각해봐야 하는 현상이다. 기존 아시아 지역에서의 한류의 붐은 각 국가별 문화, 사회, 정치적 차이는 존재하지만, 아시아 지역이 가지고 있는 역사적, 문화적 유사성이 분명히 존재했기에 가능한 현상이라 정의되었다. 그러나 지금의 K-pop은 초기 한류붐 형성시기와는 차이를 나타낸다. 아시아 지역을 넘어서 전 세계에서 소비되고 있기 때문이다. 앞서 언급되었듯이, 초국가적이고 탈중심화된 문화소비가 이루어질 수 있었던 이유 중 하나가 바로 지금의 미디어 환경의 영향이 크다. 지금의 수용자들은 소셜 미디어 등을 통해 콘텐츠를 소비하는 것에서 머무르지 않고, 유사한 콘텐츠에 대한 접근, 콘텐츠에 대한 자신의 감상, 그리고 같은 관심사를 가지고 있는 사람들과의 초국가적 교류를 한다. 물론 한류 문화형성 요인에는 초국가적 문화를 수용하는 데 익숙한 수용자들의 특징도 있지만, 아시아를 넘어 글로벌 문화로 부상하려는 국내 한류 생산주체들의 상업적이고 산업적인 움직임, 한정된 장르에만 집중하는 한류문화의 획일화, 글로벌문화와 로컬 문화의 교류의 결과물 등의 특징을 지닌다. 그리고 여전히 한류를 국민문화로 바라보며 민족 정체성을 강조하는 시각들이 공존하고 있다.

이 장에서는 한류가 어떻게 글로벌 팬덤을 이렇게 짧은 시간에 형성할 수 있었는지, 한류 팬들 간 다양한 피드백을 형성할 수 있었던 주요 동인은 무엇이었는지 그리고 그 진행 과정을 구체적으로 살펴볼 것이다.

1. 신한류 형성의 기반: 동아시아 지역에서 발현된 한류

1) 한국의 대중음악으로 시작된 한류

한류(韓流, Korean Wave)의 시작은 '서울 음악실'이라는 프로그램을 통해서 이루어졌다. '서울음악실'은 한국 대중음악이 중국에 진출하는 초기단계에 결정적인 역할을 한 방송 프로그램으로, 중국과 대만, 홍콩 등을 포함한 중화권에서 한국 TV 드라마에 대한 인기가 크게 늘어나던 1997년에 제작된 정식 한국 음악 프로그램이다. 중국 내 한국 공연 기획사인 (주)미디어 플러스가 제작하여 북경, 상해, 천진, 청도, 광주 등 주요 5개 지역에 주 3회 걸쳐 방송하였다. '서울 음악실'은 1997년 7월부터 1998년 중국 정부의 비준을 받은 최초의 한국음반인 H.O.T의 '행복'이 출시될 때까지 중국 신세대들이 한국의 최신 대중음악을 공식적으로 접할 수 있는 유일한 통로였다. 이 현상을 일컬어 중국언론, 북경청년보(北京靑年報)가 1999년 11월 19일 '한류'라는 용어를 가장 먼저 사용하였다. 중국에 한국 대중음악이 진출하면서 베이징 교통방송은 1999년 5월부터 한국의 음악을 소개하는 '한강지야(漢江之夜)'라는 프로그램을 편성하였다. 이러한 분위기에 발맞추어 한국의 문화관광부는 한국 대중음악의 중국 내 홍보를 위해 한국 대중음악이 들어있는 '한류(韓流)-song from

Korea'라는 타이틀의 음반 6천 장을 중국어로 제작하였다. 이 음반은 당시 '서울 음악실' 제작운영을 담당하던 (주)미디어 플러스에 의해 홍보용 음반으로 제작, 배포되었으며, 이 시기부터 '한류'라는 신조어는 한국의 대중문화를 지칭하는 용어로 자리 잡게 되었다(한국문화콘텐츠진흥원, 2007; 원용진·김지만, 2011).

원용진·김지만(2011)의 논의처럼 한류의 시작이 음악이었다는 점은 주목할 만한 점이다. 본격적인 한류의 붐을 일으킨 것은 드라마, 영화 등의 내러티브가 중요한 콘텐츠였지만, 같은 시기 한국의 대중음악 역시 H.O.T의 2000년 1월 중국의 공연 등을 시작으로 중국, 대만 등에서 H.O.T, NRG, 클론 등의 한국 가수들에 대한 관심도 꾸준히 이어졌다는 사실은 지금의 K-pop의 인기가 발현될 수 있는 중요한 기반이었음을 알 수 있는 지점이다. 이후 배용준, 최지우 주연의 KBS 드라마 〈겨울연가〉(2002)가 일본 내에서 폭발적 인기를 끌면서 '한류스타'라는 용어가 본격적으로 힘을 갖기 시작하였고, 인기 스타 중심의 다양한 마케팅, 한류 스타 중심의 영화, 드라마 제작 등 한류붐을 지속하기 위한 노력이 계속되었다. 드라마 〈겨울연가〉보다 먼저 제작된 MBC 드라마 〈의가형제〉(1997)는 베트남에서 큰 성공을 거두었으며, 동아시아를 넘어 중동지역까지 수출된 MBC 드라마 〈대장금〉(2003~2004) 등 한류 콘텐츠가 다양한 국가에서 소비됨에 따라 보다 확장된 수용자 팬덤을 형성하면서 한류 인기에 대한 다양한 분석이 쏟아지기 시작했다.

동아시아 지역에서 활발하게 나타난 한류붐은 초기에는 매우 생경한 현상이었다. 동아시아 지역이라는 지리적으로 묶일 수 있는 공통점이 존재한다고는 하지만 한국이라는 로컬 지역에서 생산된 문화가 한국뿐만 아니라 국경을 넘어 다른 국가의 수용자에게도 큰 인기를 끌 수 있다는 사실을 한류 형성 초기에는 받아들이기 어려웠다. 따라서 이후 문화의 수입국으로서만 인식되었던 한국의 대중문화가 역으로 수출가능한 문화라는 것을 어떻게 이해할 것인지에 대해 다양한 영역에서 연구가 진행되었다.

이 시기 형성된 주요 한류 담론은 민족주의적, 혹은 경제중심주의적 논의가 두각을 나타내었고, 수용자의 적극적 참여와 여성시청자들이 형성하는 가족주의, 혹은 모든 문화적 결과물을 수출상품으로만 바라보는 시각에 대한 비판론들이 나타나기도 했다. 이와 같이 한류에 대한 다양한 시각이 형성되었고 지금까지 지속되고 있지만, 주류담론은 여전히 민족주의적, 경제중심주의적 시각이 주를 이루었다. 최근 몇 년 사이 K-pop으로 한류에 대한 관심이 다시 형성되면서 담론의 성격이 더욱 이분법화되는 양상을 보인다. 정부와 연예기획사들을 중심으로 한류문화의 경제적 가치와 함께 실제적으로 어느 정도의 수익을 얻고 있는지, 해외에서 형성되는 팬덤에 대한 정보 등 미디어를 통해 정보를 꾸준히 생산하기 때문이다. 1990년대 후반부터 현재까지 한류의 두각으로 동아시아는 여전히 한국 대중음악 산업에 큰 이익을 가져다주며, 동시에 세계 시장 진출을 위한 교두보로 여겨지고 있다. 세계화 가능성을 타진해 볼 수 있는 동아시아 시장은 동시에 한국 상품의 우수성과 한국 문화의 자긍심을 가져다주는 역할을 하기 때문이다.

동아시아에 대한 국내의 이러한 시각을 조영한(2011)은 동아시아가 크게 두 가지 방식에서 추상적인 기표로 사용된다고 설명한다. 첫 번째는 유교 문화 등 아시아 가치를 담지하는 공간으로 획일화되고 있으며, 또 하나는 구체적인 방법이나 증거 없이 아시아 내 문화교류·상호이해가 확장되는 공간으로 낭만화 된다는 것이다. 다시 말해 한국에서 유통되는 담론 속에서 동아시아는 상업적 이익과 민족적 자긍심을 위한 효과적인 수단이거나 탈식민적 상상을 낭만화할 수 있는 추상적인 공간이 된다는 것이다. 또한 한류문화는 일본에서는 과거의 향수를, 홍콩, 대만 등에서는 동시대성을, 중국, 태국, 베트남 등에서는 화려한 근대화라는 성공의 상징으로 받아들이는 것처럼 동일한 콘텐츠를 각 지역의 문화적 환경과 특징에 따라 서로 다르게 이해하고 있음을 지적한다. 한류를 소비하는 국가별 차이가 나타나는 것과 더불어, 왜 지금 한류가 인기를 끄는가에 대해서는 특별한 이유가 있음을 설명하기보다는 초국가적 문화생산 흐름 중 하나라는 논의가 설득력을 얻고 있다. 실제로 1970~80년대 일본의 대중문화, 홍콩의 대중문화 등이 아시아 지역에서 큰 인기를 끌었지만, 1990년대 이후에는 한국의 대중문화가 크게 인기를 끌고 있기 때문이다. 조한혜정(2001)의 논의처럼 언제 '한류'가 다른 '류'로 그 자리를 내어주게 될지는 알 수 없다. 그만큼 현재 한류문화의 관심과 인기가 필연적이라기보다는 글로벌 시대 형성된 문화 중 한 부분이라고 바라봐야 하는 이유이기도 하다. 과거에도 각기 다른 문화들이 비주기적으로 동아시아 지역에서 주목을 받으며 인기를 끌었던 전례가 있었으며, 현재는 한국의 대중문화가 동아시아 지역에서 큰 주목을 받는 시기가 되었다고 분석하는 것이다.

거시적으로 바라본다면 한류는 다양한 문화현상 중 하나라고 볼 수 있지만, 한국 대중문화의 해외 진출이 시작되면서 정부 관련기관, 엔터테인먼트 기획사, 방송사 등 관련 주체들의 적극적인 개입으로 대중문화현상이라기보다는 하나의 산업분야로 인식되기에 이른다. 그리고 국내 한류 생산주체들의 이와 같은 노력은 한류의 동아시아 내에서의 확산에 일정 정도 큰 역할을 했다고 할 수 있다. 1990년대 말 중국내에서 한국의 대중문화가 자리 잡는 데에는 한국 정부기관인 문화관광부의 적극적인 참여도 큰 역할을 했음을 이미 확인했듯이 말이다. 그리고 또 한 가지 주요 요인은 바로 한류 팬의 역할이다. 한류에 대한 인기가 지속되면서 동아시아 지역의 수용자들이 자발적으로 인터넷을 통해 커뮤니티를 형성하고 정보를 교류할 뿐만 아니라, 직접 한류 관련 이벤트에 참여하기 위해 한국을 방문하는 사례가 증가하였고, 해외팬들은 미디어를 통해 한국문화를 이해하는 것에서 더 나아가 직접 체험하는 모습을 보여주었다.

물론 이 과정에서 몇 가지 부정적인 현상들도 목격되기도 하였다. 수익성만을 고려한 한류 스타 중심의 이벤트를 기획하거나 혹은 동아시아 내에서 유명한 한류스타가 출연한 콘텐츠이지만 빈약한 내러티브로 한류 팬들의 기대에 부응하지 못했다. 이 과정에서 일본, 중국 내에서의 혐한류(嫌韓流) 붐이 일기도 하였다. 초기의 '혐한류'는 국내 한류 상품의 기획력 부족이나 상업적이고 획일화된 이벤트 등으로 한류팬들의 외면받거나 혹은 일본이나 대만의 방송사나 언론사에서 한국 대중문화의 확산을 견제하기 위한 비판담론 등의 모습으로 나타났다. 이후 2000년대 중반에는 중국, 일본, 대만을 비롯한 한류 수용국에서 '혐한류(嫌韓流)' 또는 '반한류(反韓流)' 조류가 감지되기 시작했고, 한류는 '한류(寒流)'라는 용어로 지칭되면서 폄하되기도 하였다. 일본에서는 인터넷 게시판 사이트 〈2채널(2ちゃんねる)〉을 중심으로 혐한류 담론이 확산되기 시작했으며, 2005년 〈만화 혐한류(マンガ嫌韓流)〉가 출판되면서 국내 미디어는 이를 '한류 죽이기'로 지칭하기도 했다. 대만과 중국에서는 해외 방송 콘텐츠에 대한 수입규제 제한 조치 또는 방송프로그램 방영 쿼터제를 실시하였고, 국내에서는 한류 회의론 등이 고개를 들기 시작했다. 2001년

부터 증가 추세를 보이던 국내 한류 관련 연구 역시 2008년 이후 급격한 감소 현상을 보였는데, 이는 당시 제기되고 있던 한류 회의론과 무관하지 않은 것으로 해석되었다(한국언론재단, 2012).

하지만 현재의 '혐한류'는 보다 노골적으로 정치적 갈등의 모습을 나타낸다. 동아시아 지역의 정치적 관계, 한국 대중문화의 급격한 성장에 대한 견제 등 문화층위를 벗어난 정치적 입장이 반영된 현상이라고 할 수 있다. "혐한류 왜 일본을 탓하나"(미디어스, 2011.8.11), "장근석, 아오이 소라 '먹고 싶은 음식'에 불쾌감, 혐한류 매체"(한국일보, 2012. 2.17), "이다해 소속사 입장, 악의적 보도에 경고조치"(파이낸셜뉴스, 2012.3.15.), "일본 내 한류와 혐한류의 현재는?"(스포츠 조선, 2012.6.12.),"싸이, 일본 혐한류 만화에서 조폭으로 등장, 폭행에 고문까지"(티비리포트, 2012.12.25.) 등의 기사에서도 알 수 있듯이 최근 몇 년 사이 일본과 중국에서 혐한류 움직임이 눈에 띠게 증가하였다. 활발하게 활동하고 있는 엔터테이너 관련 부정적인 기사를 보도하거나 비록 작은 규모라고 하지만, 일본 방송사 앞에서 혐한류 지지자들이 한류 반대 시위를 벌이기도 하였다.

일부에서는 국내 언론사의 '혐한류' 보도가 과장된 보도라는 의견도 있지만, 이와 같은 현상이 나타나는 이유로는 동아시아 지역 내에서의 국가 간의 정치적 관계, 과거 역사적 관계들이 대중문화에 투영되면서 생기는 현상일 것이다. 또한 동아시아가 가지고 있는 각 국가 간의 역사적, 사회문화적 관계들이 한류문화를 형성하면서 갈등의 유발과 함께 다양한 문화현상들을 유발하는 것이라고 할 수 있다. 그러나 여전히 한류의 행보는 순항 중이다. 1990년대 시작된 한류는 '신한류'라는 타이틀로 다시 정의되며, 전 세계를 대상으로 확장되고 있기 때문이다.

2) 신한류, 기존의 한국대중음악과 거리를 두다.

드라마와 영화를 중심으로 형성된 것이 한류(Korean Wave)라면, K-pop의 주도로 형성된 것이 신한류(New Korean Wave)다. 문화적 영향력도 차이를 보이는데, 한류가 동남아시아를 중심으로 확산되었다면, 신한류는 아시아뿐만 아니라 유럽과 미주까지 확대되고 있다. 최근에는 K-pop을 주도하는 아이돌 가수들이 영화와 드라마에 출연하면서 자연스럽게 음악에서 드라마, 영화까지 적용 장르가 확장되었다.

한 가지 흥미로운 점은 한국의 대중음악이 과거 일본의 J-pop처럼 K-pop으로 불리면서 기존의 한국의 대중음악과는 구별짓기를 하고 있다는 점이다. 한국의 대중음악이, 대중음악이 아닌 K-pop이라 불릴 수 있는 데에는 여러 가지 의도와 역사적 특징이 담겨있다. 물론 차이점이 존재하지만, 과거 J-pop이 일본의 대중음악을 대표하는 타이틀을 얻게 되면서 보다 대중적이고, 수출가능한 상품으로 간주되었던 사례와 유사성을 지닌다는 것이다. 이는 일본 대중음악을 통해 동아시아 지역에서 우위를 점하기 위해서 일본의 색깔이 두드러지지 않는 음악이어야 했던 것과 같은 맥락이라고 볼 수 있다. 이와부치(2004)는 일본의 대중문화가 동아시아에서 나타내는 문화적 헤게모니와 수용과정을 지구화, 탈국가주의와 상업화된 문화적 혼성성 간의 접합이라는 넓은 맥락 속에서 위치시켜 분석한다. 일본식 대중문화의 확산과 세계적 붐은 문화산업적 차원에서 아니메나 포켓몬, 혹은 파워 레인저의 경우에서 알 수 있듯이, 일본의 문화상품들이 문화적 타자로서 '일본적' 혹은 비서구적 성격을 의도적으로 탈각시키면서 동시에 이미 전 세계적 수준의 지명도와 관습적 친밀성을 지닌 미국식 대중문화의 문법과 장르를 능동적으로 전유하는 방식으로 이루어졌다는 특징을 지닌다. 따라서 국경, 문화, 지리적 경계를 초월해서 상품성과 대중적 어필을 고양하기 위해 일본의 대중문화 산업이 이미 세계적 기준으로 작용하는 할리우드나 미국의 대중문화의 포맷과 배급망을 적극적으로 활용하고, 소비와 수용의 확실한 니즈를 확보하기 위한 전술로 유·소년층을 주요 수용자로 정했음을 알 수 있다. 이뿐만 아니라 K-pop은 기존의 미국이나 유럽 음악의 특징들을 혼합한 음악적 특징을 지닌다. 신현준(2005)은 아시안 팝이 '월드뮤직' 범주 안에 들어가는 아프리카 팝(African pop), 라틴 팝(Latin pop), 캐리비안 팝(Carribbean pop) 등과 같은 범위에 넣기에는 조금 다른 점이 존재한다고 설명한다. 라틴 팝이나 아프리칸 팝이 음악어법과 악기 편성면에서 서양음악의 기원으로는 환원하기 힘든 요소가 강한 반면, 아시안 팝은 가사의 언어를 제외하고는 서양의 팝 음악으로부터 파생적 요소가 강하다는 것이다. 넓은 의미의 아시안 팝으로부터 좁은 의미의 아시안 팝, 즉 동아시아의 대중음악으로 시야를 더 좁힐 경우 이런 특징은 더욱 두드러진다고 설명한다.

손승혜(2011)의 프랑스 한류 수용자 조사에서도 나타나듯이, 서구사회의 경우 한류 팬들은 유럽의 문화, 미국의 문화 등 서구문화와는 다른 아시아 문화에 대한 호기심과 호감을 가지고 있는 수용자들이 주로 관심을 보이며, 그들은 이미 일본 문화—애니메이션, 영화, 드라마 등—에 익숙해져 있는 특성을 지니고 있기 때문이다.

유럽의 K-pop 팬들 역시 인터넷을 통해 뭉친 경우가 많은데 그들 대부분이 처음에는 일본 음악인 J-pop에 빠져 있다가 일본에서 활동하는 우리나라 가수들을 보고 K-POP을 좋아하게 됐다고 한다. 실제로 올해 파리 동양학 대학의 어문계열 한국어학과 응시생은 한류 열풍을 타고 예년에 비해 큰 폭으로 몰려 수백 명에 달했고, 상대적으로 일본어학과 지망생은 현격히 줄어들었다. SM 공연이 결정되자마자 지난 2개월간 프랑스의 공연 전문 인터넷 사이트 방문객 수도 프랑스 최대 아시아 문화 이벤트인 '재팬 엑스포' 개최 당시보다 10배 이상 늘었다고 한다. 파리 13구에 위치한 음반 가게는 원래 일본 음반만을 전문적으로 판매하던 곳이었는데 요즘은 한국 콘텐츠를 함께 취급하면서 나날이 상당한 수익을 올리고 있다.[4]

위의 기사에서도 알 수 있듯이, K-pop은 J-pop이 서구사회에서 형성한 문화적 팬덤이 있었기 때문에 아시아 문화에 대한 친밀감이 형성되었다고 볼 수 있다. 따라서 K-pop을 처음 접하는 수용자라고 하더라도 이미 J-pop에 익숙한 수용자라면, 낯설지 않게 한류를 받아들일 수 있는 문화소비구조가 전제되어 있다. 또한 K-pop은 가사를 제외한 음악적 특색이 미국이나 유럽의 팝과 유사한 형식을 지니고 있기 때문이다. 하지만 K-pop만의 독특한 특징도 발견되는데, K-pop 가수들은 대부분 솔로보다는 그룹이라는 점, 그리고 그룹의 각 구성원들은 개인의 개성보다는 그룹의 일원으로서 묘사된다. 집단군무라 불리는 퍼포먼스가 대표적인 예다.

결국 신한류를 형성하는 K-pop 은 기존의 한국 대중음악과는 차별되는 세련되고 모던한 음악이라는 인식을 대중들에게 전달하려는 의도를 지니고 있으며, 다양한 음악장르에 걸쳐 형성되기보다는 특정한 분야에, 독특한 특징을 지니고 있는 음악만이 주목받고 있다는 것을 알 수 있다. 이는 K-pop을 한국의 새로운 문화수출 분야이자 한국의 이미지를 형성하는 문화영역임을 알리기 위해 K-pop 생산주체들이 노력해온 결과이기도 하다.

---

4) "유럽을 뒤흔드는 K-pop 열풍", 경향신문 기사. 2011. 07. 11.

3) 글로벌 문화를 꿈꾸는 K-pop

최근 한국의 대중문화, 특히 한류문화가 보다 넓은 지역에서 팬덤을 형성하게 되면서, 국내에서는 한류를 글로벌 문화로 위치시키려는 노력들이 꾸준하게 이루어지고 있다. 이 과정에서는 '문화생산'이 다양한 요소들의 결합과 그 시대가 가지고 있는 문화생산패턴을 통해서 나타나는 것임을 간과하고, '글로벌 소비 지수'에만 집중하는 문제점이 동시에 나타나고 있다. K-pop의 다양성 부족, 국내 대중문화산업의 구조적 문제점 등을 얘기할 수 있는데, 이미 해외 언론에서도 이 문제를 비판적으로 다루었다. 프랑스 르몽드지는 한국 아이돌을 '한국 정부의 지원을 업고 연예기획사들이 길러낸 소년소녀들'이라고 비판했으며, 영국 BBC 방송은 동방신기 멤버들간의 계약 분쟁 문제와 국내 대중음악 시장의 침체 등을 문제로 지적하였다. 국내에서도 이와 관련한 다양한 비판담론이 존재하지만 여전히 글로벌 문화로 부상하려는 움직임이 지배적이다.

현재의 글로벌 문화는 과거와 달리 각 지역의 로컬 문화를 흡수하거나 흡수되면서 그 역할과 영향력이 조금씩 달라지고 있으며, 한류 역시 이러한 과정 중 나타난 하나의 문화현상이라는 점을 잊어서는 안 된다. 글로벌과 로컬이라는 상대적 개념을 현실과 대조하지 않고 추상적으로 사용할 경우 초국가적인 문화 왕래가 미치는 영향력을 지나치게 과장할 위험이 있다. K-pop 역시 한국 대중음악이 지니는 역사적 특징, 미국 중심의 글로벌 문화형성의 균열 등의 요인들로부터 영향을 받았기 때문이다. 이기형(2005)은 문화생산 측면에서 아시아를 기점으로 한 대중문화물의 부상은 과거에는 주변화되거나 관심을 끌지 못했던 비서구권이 생산해내는 지역적이고 문화적인 스타일과 차이들이 '표준화'와 '혼성화' 혹은 '혼성적 모방' 과정을 거치면서, 탈지역적으로 이동되고 수용되는 문화상품 속에서 선택적으로 채택되는 양상을 부각시켜 준다고 설명한다. 하지만 국내에서 바라보는 한류 문화 부상의 원인은 조금 다르다. 아시아와 한국을 구별짓는 것과 동시에 문화의 일방적 수출국으로서의 한국, 한류문화를 위치짓는다. 이를 두고 심두보(2012)는 기존의 한류가 동아시아에서 확산되는 과정에서 국가주의(韓)가 지나치게 강조되어 보편주의(流)가 간과되었음을 지적한다. 그리고 아시아지역에서의 '혐한류'붐이 일어나는 요인이 여기에 있다고 설명한다. 또한 '문화적 근접성'만으로 한류현상을 설명하려는 것은 동아시아에서의 한류를 이해하는 데 한계가 있다는 것이다. 국내에서는 동아시아 수용자들이 가지는 '다양한 문화수용의 경험'에 대한 이해가 부족하다. 국내의 동남아에 대한 인식이 대부분 미디어의 재현방식에 상당 부분 영향을 받기 때문이다. 국내 미디어에서 재현되는 동남아인은 주로 문제적 인물로 표상되거나 한국 사회 하위자의 환유로 활용된다. 동남아시아는 큰 의미를 부여받지 못한 공간이며 진지한 앎의 대상이 아니였다. 한국의 서구지향적 '개발국가주의'는 우리가 가지는 아시아적 정체성을 부정하고 억압했으며, 민족국가 건설의 필요성과 이데올로기적 갈등 상황은 일본과 중국에 대한 정당한 지식축적도 방해했다. 그리고 이러한 아시아에 대한 무지는 '문화적 근접성'으로 이어졌다. 텍스트에 재현된 유교적 가치관과 유사한 외모의 배우 등을 한국 드라마가 일본 및 대만, 중국의 수용자에게 소구하는 요인으로 설명했으며, 동시에 유교문화권 너머에서의 한류 전개를 비관적으로 전망하는 데 일조했다. 하지만 문화적 근접성 이론은 중국, 대만, 일본 드라마가 '역으로' 한국에서의 소수 팬덤 이상의 수준으로 발전하지 못하는 점을 설명하지 못하며, 문화적으로 근접하지 않은 지역(말레이시아,

이란, 짐바브웨, 멕시코, 프랑스 등)에서의 한류의 발전에 따라 설득력이 약해졌다. 결국 지역적 수용에 있어서 임의적 조건을 주목해야 한다는 것이다. 다시 말해 한류 콘텐츠와 수용국의 정치, 사회, 기술적 요인 간의 상호작용이 불러일으키는 문화적 의미를 경험적으로 고찰해야 할 것이다(심두보, 2012, pp. 21~23). 또한 동남아 각국은 인도, 중국, 이슬람 문명의 유입, 서구에 대한 오랜 식민주의 경험 등을 통해 '복수의 문화적 경험'을 실천해왔다는 점도 고려해야 한다(김수정, 2012).

따라서 민족주의 담론과 경제주의 담론에 휘둘린 한류를 바로 잡기 위해서는 한류와 여러 아시아 문화흐름에 대한 연구를 통해 동아시아 대중문화의 복수성과 문화교통의 상호성에 대한 이해를 높여야 한다. 이와 같은 초국적 문화현상에 대한 다층위적 분석은 궁극적으로 다문화사회로 진입하는 한국 사회의 변화에 대한 이해와 성찰의 깊이를 더할 것이기 때문이다.

그러나 이러한 비판적 시각들이 국내에 수용되기도 전에 K-pop이 동아시아 이외의 서구사회에서도 인기를 끌게 되면서 국내 한류 문화 생산 주체들은 각 국가별 문화수용의 차이와 원인을 이해하기도 전에 '미국 시장진출'로 눈을 돌리고 있다. K-pop에 대한 서구사회의 팬덤 형성, 해외 미디어 매체에 K-pop이 노출되기 시작하면서 글로벌 시장성공의 상징적 장소인 미국 시장 진출에 열을 올리고 있는 것이다.

이미 국내 유명 기획사들은 2000년대 후반부터 아시아에서의 K-pop 인기를 기반으로 자사의 대표 가수들을 미국 시장에 진출시키기 위해 노력해왔다. 대중음악분야는 아니지만, 가수 비는 배우로 미국시장에 진출했다. 그의 할리우드 진출작 〈스피드 레이서〉(2008)에서는 조연으로, 이후 〈닌자 어쌔신〉(2009)에서는 주연으로 활동했다. 이후에 SM의 가수 보아, YG의 가수

세븐도 미국에서의 활동을 선언했다. 하지만 초반 언론에 노출되었던 큰 포부와는 달리 별다른 성과를 얻지 못하고 아시아 시장, 국내 시장으로 돌아왔다. 그리고 JPY의 걸그룹 원더걸스의 활동이 이어졌다. 원더걸스는 아시아지역에서 큰 인기를 끈 곡인 '노바디'를 가지고 2009년 미국 활동을 시작했다. 2009년 '노바디'로 빌보드 '핫 차트 100'에서 76위를 차지하기도 했고, 조나스 브라더스(Jonas Brothers)의 게스트로 북미 투어의 오프닝 가수로 참여하기도 했다. 이와 같은 여러 가수들의 시도에도 불구하고, 지금까지 미국에서의 한국 가수들의 활동은 미국 가수 누구와 비슷하다는 평가를 받거나 언어소통의 문제로 아시아에서 건너온 마이너리티 가수로 평가되곤 했다. 아시아 시장에 비해 미국시장은 넘기 어려운 벽처럼 인식되었다.

하지만 2011년 8월 미국 빌보드 차트에 K-pop차트가 신설되고, 국내에서 발매되는 음반이 빌보드 차트에 동시에 공개되는 등의 루트가 형성되면서 미국 내에서의 K-pop에 대한 인식이 조금은 우호적이라는 시각이 힘을 얻었다. 빌보드 코리아는 지난 2011년 8월 26일, 일본에 이어 한국이 아시아에서는 두 번째로 '빌보드 K-pop 차트'를 신설, 매주 한국과 미국에서 K-pop 차트를 동시에 발표하며, 일본과 러시아, 브라질의 빌보드 네트워크를 통해서도 차트를 공급한다고 밝혔다.[5] 세계 대중음악의 바로미터로 인식되는 빌보드 차트에 한국 대중음악의 구체적인 데이터가 제시될 수 있었던 것은 실제로 아시아 이외의 지역에서 K-pop팬들이 눈에 띌 만큼 증가했기 때문이기도 하다. 이미 국내 유명 연예기획사들은 프랑스 파리(Paris), 미국 로스앤젤레스(LA), 뉴욕(New York) 등 각 국가의 대표적인 도시에서 콘서트를 개최하였으

---

5) "빌보드 K팝 차트 신설, 아시아에서는 두 번째, '첫 1위는 씨스타'", 파이낸셜 뉴스, 2011.8.26.

며, 지상파 방송사도 이러한 흐름에 편승하기 위해 자사의 음악 프로그램 방송을 해외에서 개최하는 초강수를 두기도 하였다. 가장 먼저 포문을 연 SM은 2010년 9월 미국 로스 엔젤레스 '스테이플 센터'에서 SM소속 가수들이 참여하는 'SMTOWN LIVE WORLD TOUR'를 시작으로 2011년 6월 파리, 2011년 10월 뉴욕 '매디스 스퀘어 가든'에서 콘서트를 열었다.[6] 국내 방송사들도 해외에서 음악방송을 개최하기 시작했다. 사실 K-pop이 서구사회에까지 확장되기 전 동아시아 지역의 K-pop팬들이 주로 소비했던 콘텐츠 중 하나가 바로 한국 방송사의 음악방송이다.[7] 따라서 국내 방송사의 해외 원정은 보다 큰 의미가 있다. 하지만 이 과정에서 여러가지 문제가 발생하였다. "방송사 한류콘서트, 가요기획사 '보이콧'논의 확산"(이데일리, 2011.8.5), "지상파 '케이팝 해외공연' 취지는 좋은데.."(한겨레, 2011.8.20), "'한류돌이 봉인가?' 지상파 해외 콘서트 돈벌이 전락하나"(동아일보, 2011.8.23.). 위의 기사에서도 알 수 있듯이, 무리한 해외 원정 스케줄이 진행되면서 해외에서 진행되는 프로그램 제작 준비시간의 부족, 높은 티켓 가격, 기획사들과 협의 없이 진행된 MD(merchandise)의 판매 등이 문제점으로 지적되었다.

그러나 현재 K-pop은 이와 같이 국내 대중음악시장이 가지고 있는 문제를 모두 덮어버리는 하나의 상징적 현상으로서 활용된다. 사실 국내 많은 연예기획사들이 해외 진출로 눈을 돌리게 된 이유 중 하나는 국내 음반시장의 침체와 관련

---

6) 이후 SM의 콘서트에 대해서는 여러 가지 평가가 이루어졌다. SM이 주최하는 기획콘서트라는 점에서 자사의 홍보 용도로 활용된 콘서트일 뿐이라는 비판적 의견이 제시되기도 했고, 혹은 SM의 글로벌 브랜드를 더욱 알리고 글로벌 팬덤을 확인할 수 있었던 콘서트였다는 긍정적 평가가 있기도 했다.

7) 국내 지상파 방송사는 각각 MBC 〈음악캠프〉, SBS 〈인기가요〉, KBS 〈뮤직뱅크〉라는 음악 프로그램을 방송하고 있으며, KBS의 경우 KBS월드 채널을 통해 KBS 〈뮤직뱅크〉가 국내외 73개국에서 방송되고 있다.

이 깊다. 국내 활동만으로는 수익을 얻기 어려운 구조적 요인이 가장 큰 이유이기 때문이다.

따라서 K-pop은 해외에서 인기를 끌 수 있는 한정된 장르를 겨냥한 아이돌 그룹과 빠른 비트의 음악이 주를 이루고 있다. 해외 시장 진출에 집중하다보니 국내 음반시장이 가지고 있는 문제를 해결하기보다는 해외 시장에서 수익성을 올리고, 국가 경쟁력 중심의 정책이 입안되고 있다. 이와 같은 국내 정책 마련에 더욱 힘을 실어준 사례가 바로 가수 싸이(PSY)의 미국 시장 진출 성공 사례이다. 가수 싸이는 기존 K-pop 아이돌의 해외 시장 진출과정과 달리 뮤직비디오가 유튜브에서 큰 반향을 일으키면서 일본 혹은 그 외의 동아시아 국가를 거치지 않고 바로 미국시장으로 진출에 성공했기 때문이다.[8]

물론 한국의 대중음악이 서구사회에서 폭발적인 인기를 끌고 있는 현재의 상황은 매우 반가운 일이다. 하지만, 한 가수의 성공사례를 한류 전체의 성공으로 인식하고 것은 국내 대중문화가 지니고 있는 문제를 해결하기 보다는 산업적이고 상업적 논리만 강화시키는 결과를 가져온다. 실제로 2012년 여름 이후부터 가수 싸이와 관련된 기사는 "성공"이라는 키워드를 중심으로 기하급수적으로 증가했다.

앞서 논의되었던 것처럼 한류 붐의 형성 원인은 복합적 요소들의 작용에 따른 것인데, 국내 한류문화의 독특한 특징과 문화의 질적 성장, 미국 중심의 글로벌 문화 형성의 균열, 탈중심화되고 혼종화되는 문화의 생산, 수용자들의 '복수

---

8) 싸이(PSY)의 "강남스타일" 뮤직 비디오는 지난 2012년 7월 15일 유튜브에 공개된지 52일만에 1억 뷰를 넘어섰으며(2012년 9월 4일), 저스틴 비버(Justin Biber) 등을 발굴한 스쿠터 브라운(Scooter Braun)을 통해 미국 스쿠터 브라운 매니지먼트사와 계약을, 유니버셜 리퍼블릭 레코드와 한국, 일본을 제외한 해외 음반 유통 계약을 체결했다. 그동안 많은 아이돌 그룹들이 미국 시장진출을 위해 노력을 해왔으나 가수 싸이의 계약은 그에 비해 매우 빠르게 진행된 편이다.

적 문화 소비 환경' 그리고 초국적 문화 소비 환경 구축 등이다. 이와 같은 다양한 요소들의 고려 없이 아시아 지역과 차별되는 한국의 대중문화이자 '글로벌 문화되기'로서의 한류를 꿈꾼다면, 지나친 상업성에 편승한 획일화된 한류 콘텐츠만 생산하게 될 것이다. 또한 한류를 대중문화의 현상이자 문화교류로 바라보기보다는 수출상품이자 한국 브랜드를 알리는 수단으로만 바라볼 경우 국내외 팬들과의 소통은 불가능하게 될 것이다. 대중문화를 소비하는 팬들은 단순히 문화산업이 제공하는 텍스트의 소비에 만족하지 않고 문화생산 과정에도 참여하는 등 한층 능동적인 문화 실천을 보여주는 문화생산주체이기 때문이다.

2. 신한류 형성의 동인, 소셜 미디어

글로벌화가 진행되면서 국가를 기준으로 한 문화의 경계선을 명확히 구분하던 기존의 논의는 설득력을 잃고 있다. 글로벌화는 분리되어 있던 지구상의 여러 영역이 한 상상의 '공간' 속에 교차하는 과정이기 때문이다. 현대사회는 서구가 지배하는 시간대, 시간틀에서 각 사회의 역사가 삽입되어 공간과 거리의 명확한 구분이 다양한 연결고리(여행, 무역, 정복, 식민지배, 시장, 자본/노동, 상품, 이익의 유통)로 이어진 결과, '내부'와 '외부'를 명확하게 구분하는 것은 점차 불가능해졌다(Hall, 1995). 이러한 경향은 모든 분야에 적용된다. 문화와 문화가 만나고 서로 교차되는 과정, 이 과정에서 재생산되는 새로운 현상들이 우리 주변에서 끊임없이 나타나고 있기 때문이다. 기존에는 순차적인 방식에 따라 자국의 문화와 해외의 문화교류가 이루어졌지만, 현재는 모바일, 인터넷, 소셜 미디어 등을 통해 과거와는 비교할 수 없을 만큼의 빠른 정보교류와 생산이 이루어지고 있다. 온라인에서 형성된 여론이 오프라인에 영향을 미치기도 하고, 오프라인의 활동이 온라인상에서 중요한 이슈가 되기도 하는 등의 홀의 논의와 같이 '내부'와 '외부'를 구분짓는 것은 무의미한 것으로 여겨지고 있다. 그리고 이러한 현상이 가능했던 요인은 아마도 인터넷 공간이 새로운 매개와 표출의 공간으로 인식되면서 이용자들의 적극적 참여와 감성의 공유라는 양상의 발현이 이루어졌기 때문일 것이다.

현재 신한류를 형성하고 있는 글로벌 팬 역시 유튜브, 페이스북 등 소셜 미디어를 통해 K-pop 관련 정보를 접하고 이에 대한 즉각적인 반응과 정보 교류 등을 활발하게 하는 등 역동적 움직임을 보여준다. 디지털을 매개로 한 인터넷 공간에서의 활동은 '공유'라는 키워드를 통해 문화, 경제, 사회, 정치 등 다양한 분야에서 움직임이 표출되기도 한다. 물론 지금의 현상을 설명하는 데 소셜 미디어 등이 지니고 있는 테크놀로지의 기능만을 활용하려는 것은 아니다. 현재의 디지털 테크놀로지가 이용자의 커뮤니케이션 패턴을 어떻게 구성하고 있으며, 이용자들이 테크놀로지를 적극적으로 활용하는 과정에서 형성되는 의미들을 제기하고자 함이며, '신한류' 역시 이와 같은 맥락에서 논의할 것이다.

따라서 이 장에서는 신한류 붐을 이끌고 있는 글로벌 형성을 가능하게 한 소셜 미디어의 의미와 현대 문화산업에서 소셜 미디어가 미치는 영향력 등을 구체적으로 고찰하고자 한다.

1) 디지털 미디어의 등장과 미디어 지형의 변화

(1) 커뮤니티 미디어로서의 텔레비전, 디지털과 만나다
한류 팬덤의 본격적인 행보는 텔레비전 드라마 〈겨울연가〉에서 시작되었다. 특히 일본 중년 여성 시청자층을 중심으로 한류팬들 간 공감대 형성과 적극적인 감성 네트워크가 구성되기에 이른다. 이후 일본뿐만 아니라 동아시아 지역으로 한류문화가 확대되면서 드라마에서 재현되는 가족관, 젠더, 애정관 등을 자국의 문화와 비교하거나 혹은 자신의 욕망을 투영하는 등 보다 폭 넓은 논의들이 이루어졌고, 커뮤니티 활동도 더욱 활발하게 이루어졌다. 드라마를 통해 자신이 직접 경험하지 않은 지역의 문화를 간접적으로 경험하고 이해하는 등의 문화경험이 일상화된 것이다. 초기 한류가 아시아 중년 여성을 중심으로 텔레비전 채널을 통해 소비되었다면, 신한류는 중년 여성에서 전 연령층으로 확대되었고, 콘텐츠 장르 역시 다양화되었다.

이와 같이 최근 신한류 문화가 형성된 맥락을 이해하기 위해서는 국내 미디어의 발달사와 함께 수용자들의 해외 문화 소비·참여방식에 대한 논의부터 시작해야 할 것이다. 다매체, 다채널 시대의 도래와 인터넷이 대중화되기 이전 미디어의 이용패턴은 콘텐츠 공급자인 방송사가 제시하는 편성시간에 따라 프로그램을 시청해야 했다. 신문, 라디오와 달리 시청각적 메시지를 전달할 수 있었던 텔레비전 미디어는 대중들에게 강력한 영향력을 행사했다. 다양한 장르의 프로그램을 방송하는 텔레비전 콘텐츠는 뉴스 등의 동시대의 사건 보도를 통해 수용자들의 관심을 끄는 데 유리하지만, 스토리 중심의 드라마 장르는 그 어떤 장르보다 수용자들 간의 친밀감 형성과 공감대 형성에 큰 영향을 미쳤다. 초기 한류 형성과정에서 드라마가 큰 영향을 미칠 수 있었던 것은 내러티브 중심의 장르가 다양한 위치에 있는 수용자들을 하나의 커뮤니티로 묶는데 그 어떤 장르보다 큰 힘을 지니고 있기 때문일지도 모른다.[9]

---

9) 텔레비전 미디어의 일상적 거주공간에서의 역할은 1960년대 한국사회에 처음 텔레비전이 도입되고 방송이 도입되었던 시기의 미디어의 이데올로기적 역할과 수용자의 미디어 이용을 설명한 관련 논문들을 참고할 것. 임종수(2003). 「텔레비전 안방문화와 근대적 가정에

현재 한류문화가 아시아에서 그리고 서구사회에서 주목받는 문화로 자리 매김하는 데에는 국내 해외 문화의 유입과 수용자들의 해외 프로그램의 수용 경험도 일정정도 영향을 미쳤다고 볼 수 있다. 미디어의 발달에 따라 미디어가 담아내는 콘텐츠가 더욱 확장되면서 수용자들 간의 공감대 형성과 커뮤니티 구성도 점차 확장되었다. 국내의 경우 텔레비전은 1960년대 이후 가정생활에서 급속도로 증가한 테크놀로지로, 일반 가구처럼 가정생활의 필수품이 되어버린 텔레비전은 가족 구성원들이 공유할 수 있는 가장 근대적인 테크놀로지였다. 사적 세계에서 텔레비전은 모든 가족 구성원들이 함께 향유하면서도 공동체적 유대관계로부터, 가족구성원 내부로부터도 사사화된 삶을 살 수 있게 한 미디어라고 평가된다. 텔레비전은 이른바 '안방문화'를 만들었으며, 일상생활의 관습과 리듬을 조절하는 핵심적인 기제로 자리 잡았다(임종수, 2003). 그리고 안방문화를 형성하는 데에는 국내에서 직접 제작한 방송뿐만 아니라 미국의 텔레비전 드라마도 큰 역할을 했다. 미국 드라마 방송이 본격적으로 이루어진 1970년대에는 〈600백만불의 사나이〉, 〈초원의 집〉, 〈형사 콜롬보〉, 〈날으는 원더우먼〉, 〈달라스〉 등 이 국내 채널을 통해 방영되었다. 이 시기 텔레비전의 사회문화적 영향력과 문화적 가능성에 대한 많은 논의가 이루어질 수 있었던 것도 국내외 텔레비전 프로그램을 시청할 수 있는 환경이 구축되었기 때문일 것이다.[10]

이후 1990년대 다채널 유료방송이 시작되면서 이러한 시청환경은 큰 변화를 겪게 된다. 국내 다채널 유료방송 서비스 시장은 1995년 종합유선방송의

서 생활하기-공유와 차이」, 『언론과 사회』, 12권 1호, pp. 92~135.

10) 1970년대 국내 유입된 미국 드라마에 대한 좀 더 자세한 논의는 김영찬(2011), 「1970년대 텔레비전 외화시리즈 수용연구」, 『한국언론학보』, 제55권 6호, 논문을 참고할 것.

출범을 계기로 본격적으로 성장하기 시작하였다. 2002년에는 위성방송이 도입되고 2008년 말에는 IPTV방송이 등장하는 등 신규매체가 잇달아 등장하였다. 이에 따라 국내 시청자들은 기호에 맞는 프로그램 선택의 폭을 넓힐 수 있었고, 해외 프로그램의 시청 폭 역시 넓어졌다. 또한 최근 텔레비전 환경이 디지털 환경과 결합하면서 다양한 매체를 활용해 콘텐츠에 접근할 수 있는 환경이 구축되었고, 시청자들의 텔레비전 시청시간은 큰 변화를 보였다. 최근 스마트 미디어의 대중화 등으로 인해 가정 내 TV를 통한 실시간 시청보다는 주문형 비디오(VOD)방식이나 스마트 기기를 통한 TV시청방식이 변화되었기 때문이다.

이에 따라 수용자들의 미디어 이용패턴은 디지털 테크놀로지와 미디어 플랫폼이 결합되면서 다양한 패턴으로 세분화되었고, 미디어 이용패턴이나 시간 등을 동일한 기준으로 측정하는 것은 불가능해졌다. 수용자 혹은 이용자라 불리는 대중들은 자신의 미디어 환경에 따라 콘텐츠에 대한 접근방식을 선택할 수 있게 되었기 때문이다. 기본적으로 메시지의 교환, 혹은 커뮤니케이션 과정에서 송신자와 수신자의 정형성을 따르던 매스미디어와 달리 인터넷은 상호작용적이며 쌍방향적인 특징을 지닌다. 현대의 수용자들은 과거 매스미디어에서 전달되는 정보를 일방적으로 소비하는 방식에서 벗어나 콘텐츠 생산에도 참여하게 되면서 수용자에서 프로슈머(prosumer)[11]로 불리게 되었다. 즉 생산자이자 소비자로서의 역할을 동시에 수행할 수 있게 된 것이다. 국내 시청자들의 해외 프로그램 시청 기획의 폭이 넓어지면서, 해외 프로그램

---

11) '생산자'를 뜻하는 영어 producer와 '소비자'를 뜻하는 영어 consumer의 합성어로, 생산에 참여하는 소비자를 의미한다. 이 말은 1980년 미래학자 앨빈 토플러가 그의 저서 〈제3의 물결〉에서 21세기에는 생산자와 소비자의 경계가 허물어질 것이라 예견하면서 처음 사용하였다. 프로슈머 소비자는 소비는 물론 제품 생산과 판매에도 직접 관여하여 해당제품의 생산 단계부터 유통에 이르기까지 소비자의 권리를 행사한다.

에 매료된 커뮤니티 활동도 크게 늘어났다. 매니아층을 형성했던 1990년대 〈X-File〉의 팬덤은 2000년대에는 보다 대중적 팬덤으로 확대되었다. 2000년대에는 국내에서 미국 드라마가 큰 인기를 끌면서 인기 드라마 주인공들이 국내 광고에 출연하기도 했다. 일례로 미국 드라마 〈프리즌 브레이크〉(Prison Break)에 출연했던 주연배우 웬트워스 밀러(Wentworth Miller)가 대표적인데, 드라마가 인기를 끌면서 한국 팬들은 드라마 속 인물 '마이클 스코필드'를 한국식 이름 '석호필'로 부르기도 했다. 한국에서의 인기에 힘입어 웬트워스 밀러는 한국 방문과 함께 광고에도 출연했다. 2000년대 아시아지역에서 붐을 일으킨 '욘사마 열풍' 등 한류 배우나 가수들의 팬덤 활동도 이와 비슷한 맥락에서 바라볼 수 있다. 국내에 유입된 해외 프로그램의 인기와 더불어 국내 프로그램을 시청한 해외 시청자들의 팬덤 형성은 문화생산주체로서의 수용자 활동이자 미디어 플랫폼의 확장에 따른 결과라고 설명할 수 있다.

수용자들의 커뮤니티 활동의 근거가 되는 디지털 미디어 기술은 2차 세계대전 이후 등장한 정보 처리 및 저장 기술로서 컴퓨터와 정보 전달 및 소통 기술로서 유무선 네트워크 기술의 발전에 힘입어 그 동안 지속적으로 발전해왔다. 특히 1970년대 말 이후, 선진국들이 정보 산업 육성 정책을 본격적으로 추진하고 산업의 정보화와 정보의 산업화는 물론 인터넷과 같은 디지털 네트워크의 확장과 고도화 과정을 거치면서 디지털화를 가속화시켰다고 할 수 있다. 1990년대 초 중반 월드 와이드 웹(WWW: World Wide Web)이 등장하고, 신문, 방송, 통신 등 기존의 여러 미디어들도 디지털화를 가속함으로써 미디어 융합이 가능한 단계로 발전했다. 21세기로 접어든 현 단계에서는 이러한 미디어 간 디지털 융합과 광대역 유 · 무선 통합망의 발전 등에 힘입어 모바일 상황에서도 정보 검색과 전달 및 상호 소통은 물론 다양한 일과 놀이를 할 수 있는 단계로까지 발전했다. 이른바 스마트 미디어 시대를 즐기고 유비쿼터스 미디어 환경 등을 논의하는 단계가 된 것이다(강상현, 2011, p. 5).

앞에서 언급했듯이, 국내의 경우도 1990년대 후반 국내 케이블 텔레비전의 도입, 인터넷의 대중화로 지상파 중심의 국내 텔레비전 콘텐츠의 시청방식의 변화를 가져왔다. 제한된 시간에만 방송되었던 지상파 방송과 달리 24시간 방송되는 유료 방송채널의 도입은 수용자의 시청선택의 폭을 넓혀 주었기 때문이다. 그와 더불어 인터넷의 도입과 대중화로 초기 PC통신[12]에서 시작한 인터넷은 월드와이드웹이 개발되면서, 텍스트 중심의 정보에서 비주얼 중심의 정보생산이 가능하게 되었다. 이뿐만 아니라 수용자들이 인터넷을 통해 미디어 콘텐츠를 볼 수 있는 방법 역시 확장되었고, 국내에서 미디어 이용패턴의 변화가 나타나기 시작한 것이 이즈음이다. 정규편성 된 방송스케줄에 따라 시청을 했던 수용자들에게 24시간 방송을 볼 수 있는 케이블 채널의 도입은 지상파 방송사의 상업화를 가져왔다는 비판을 받기도 했지만, 수용자의 시청 선택의 폭을 넓혔다는 평가를 받기도 했다. 또한 PC 통신[13] 등의 인터넷의 도

12) 한국 영화 〈접속〉(1997)은 서로 만난 적 없는 남녀 주인공이 PC통신을 통해 채팅을 하게 되면서 온라인상에서 교감을 하게 되고 결국에는 서로 직접 만나게 된다는 스토리로 1997년 개봉 당시 크게 흥행하였다.

13) PC 통신(피시통신, 문화어: 피씨통신)은 개인용 컴퓨터(PC)를 다른 컴퓨터와 통신 회선으로 연결하여 자료를 주고받는 것을 말한다. 개인용 컴퓨터끼리 서로 연결한 통신 형태도 포함되지만, 보통은 정보 서비스 제공을 위한 호스트 컴퓨터와 통신 장비를 설치하고 여기에 가입한 사람들이 개인용 컴퓨터로 접속하여 이용하는 형태의 전화 회선을 통한 네트워크 서비스를 가리킨다. 이때 통신 회선은 주로 전화 모뎀을 통한 전화 회선(PSTN)이 사용되지만 ISDN 등의 다른 회선이 사용되는 경우도 있다. 개인용 컴퓨터가 보편화되면서 1990년대에 게시판과 대화방, 그리고 자료실을 제공하는 PC통신 서비스 회사가 설립되었다. 대한민국의 PC통신은 천리안과 하이텔 서비스로 시작되었다. 먼저 천리안은 1984년 5월에 (주)한국데이터통신의 전자사서함 서비스로 출발하여, 1985년 10월 생활정보DB, 1986년 9월 화상정보서비스 '천리안', 1987년 4월 한글전자사서함 '한-메일(H-mail)', 1988년 5월 문자정보서비스 '천리안 II'로 이어져, 1990년 1월에는 'PC-Serve'가 개통되고 1992년 12월 '천리안 II'와 'PC-Serve'가 통합하여 천리안이 되었다. 한편 하이텔은 1986년 11월 1일 한국경제신문사에서 '한국경제 프레스텔(Korea Economic Prestel)'을 개통하여 1987년 4월 15일 '한경 KETEL'로 변경, 1987년 5월 1일에는 한경KETEL 영문 정보 서비스를 제공하였고, 1989

입과 대중화는 보다 다양한 정보를 이용할 수 있으며, 다중 정체성의 형성, 동시적·비동시적 미디어 이용, 시간적·공간적 한계를 넘어설 수 있는 가능성을 이용자(수용자)들에게 제공하였다.

이와 같이 디지털기술이 미디어와 결합하게 되면서 디지털 미디어가 커뮤니케이션 양식에서 차지하는 비중은 점차 커졌다. 처음 디지털 기술이 미디어에 적용되면서 디지털 미디어가 유발하는 효과에 대한 평가를 바라보는 시각에 따라 크게 두 가지 입장으로 나눠졌다. 미디어 테크놀로지가 의사소통 양식의 변화뿐만 아니라 인간의 삶의 방식을 결정한다고 말하는 기술결정론적 시각, 그리고 사회는 기술의 논리 자체에 영향을 미치지 않으며 단지 기술발전의 속도를 조절할 뿐이라는 사회구성론적 시각 등이다.

기술결정론적 시각에서 바라본 기술은 자체의 고유한 발전논리, 즉 효율성이 극대화된 공학적 논리를 가지고 있기 때문에 기술 발전은 시공간과는 무관하게 동일한 경로를 밟게 된다. 사회구조는 기술의 논리 자체에 영향을 미치지 않으며 단지 기술발전의 속도를 조절할 뿐이다. 이렇게 사회변화는 오로지 기술에 의해서 이루어진다고 보고 있다. 기술결정론과 반대적 입장에 놓여있는 사회구성론은 테크놀로지가 다양한 사회문화적 요인들과의 상호작용 속에서 그 가능성을 실현해나가면서 사회에 정착되는 과정에 주목한다. 사회구성론은 기술변화의 과정에 정치적, 경제적, 조직적, 문화적 요소가 개입하

년 11월 '케텔(KETEL)' 서비스를 시작한 뒤 1991년 12월 한국통신과 합작으로 한국PC통신(주)를 설립하면서 1992년 3월 서비스를 코텔(KORTEL)로 변경하고 같은 해 7월에 명칭을 하이텔(HiTEL)로 변경하였다. 1994년 나우누리, 1996년 유니텔이 영업을 시작하면서 PC통신 서비스는 다양해졌으며, 접속프로그램인 터미널 에뮬레이터도 큰사람 정보통신의 이야기 위주에서 새롬 데이타맨, 특정 PC통신회사의 전용 에뮬레이터 등 다양하게 개발되었다. VT모드의 PC통신은 일부 기존 업체에서는 서비스가 유지되고는 있으나, 인터넷의 발달로 지금은 PC통신 사용자가 드물다. 하이텔 서비스는 2007년 2월 28일에 완전히 종료되었고 2013년 2월 18일에는 나우누리 서비스가 종료되었다. www.wikipedia.org.

는 현상을 분석함으로써, 궁극적으로는 기술이 하나의 사회적 과정이라는 점을 규명하고자 한다(Bijker, 1995; 윤태진·이상길, 2005, p. 7).

따라서 미디어에 대한 사회구성주의적 입장은 특정 미디어가 출현하게 된 맥락과 그러한 출현과정 속에 개입된 다양한 '행위자'들과 사건들이 어떻게 접합되고, 충돌과 연계를 통해 제도화되었는지를 세밀하게 추적한다. 다시 말해서 구성주의 입장에서 보면 TV와 전화, 라디오, 영화와 같은 대중적인 커뮤니케이션 양식들은 그들이 실험실에서 사회로 진입하는 과정 속에서 복수의 사회적, 산업적 그리고 기술적인 압력과 경쟁 그리고 경쟁매체들 간의 삼투작용을 거치면서, 그러한 미디어 주변에 포진된 복잡하고 다양한 문화적, 사회적 실천과 경험들에 의해서 지속적으로 재구성되거나 재배치된다. 따라서 구성주의적 입장에서 미디어는 단순히 테크놀로지 자체이거나 그것을 만들어내는 제도 혹은 텍스트만을 의미하지 않는다. 그보다 미디어는 다양하고 이질적인 요소들—문화적, 제도적, 기술적인 실천과 경험들—접합 내지는 결합으로 정의될 수 있는 것이다(이기형, 2004). 하지만 기술결정론의 기술 중심적 사고로부터 벗어나면서도, 동시에 사회구성론이 상대적으로 간과하는 테크놀로지의 객관적인 물리적 특성과 테크놀로지의 사회적 영향에도 충분한 관심을 기울일 필요가 있다. 테크놀로지 자체가 문화적 변동과 그에 따른 필요성의 대두로 인해 개발되지만, 동시에 거시적인 문화변동의 원인이 되기도 하기 때문이다. 필요에 의해 발명된 테크놀로지는 종종 창안자들이 미처 생각하지 못한 결과를 야기하는 사례들도 꾸준히 목격되어 왔기 때문이다(윤태진·이상길, 2005).

따라서 미디어 테크놀로지의 발달은 각기 다른 커뮤니케이션 양식 간의 경계를 극복하고 있으며, 미디어 형식이 예전과는 같은 의미를 지닐 수 없게 되었다. 각각의 미디어들은 통합과 상호작용성이 강화되는 융합의 형태로 진행되고 있으며, 더욱 다양한 형태의 미디어 융합의 모습들이 재현되고 있다. 그리고 앞서 살펴봤듯이 기존의 수동적 수용자에서 능동적이고 정보추구적인 수용자 개념으로의 전환을 가져왔다. 이는 매스 미디어에서 마이크로 미디어로의 전환이며, 더욱 개인화된 미디어로의 환경을 구축하게 되었다. 수용자는 상호작용적, 쌍방향적 기능을 이용해 문화생산에의 참여가 가능한 프로슈머(prosumer)로서 존재하게 된 것이다. 따라서 대량생산의 매스 미디어에 익숙했던 '수용자'는 개인화된 맞춤식 미디어로의 변화는 '생산자이면서 동시에 소비자인 주체'를 가능하게 하였다.

(2) 소셜 미디어의 등장과 미디어 문화 지형의 변화

K-pop이 주도하는 신한류의 인기를 가늠할 수 있는 기준은 유튜브의 뮤직비디오 혹은 관련 동영상 등의 조회수이다. 최근 가장 많은 주목을 받은 싸이의 '강남스타일'은 2012년 7월 발표 이후 연일 조회수 신기록을 갱신하였다. 그 외에도 소녀시대, 빅뱅, 2NE1, 카라 등 대표적 K-pop 그룹들 관련 정보에는 유튜브 뮤직 비디오의 조회수가 항상 따라다닌다. 미디어 이용자들도 유튜브에 자신이 자주 방문하는 음악 채널을 가지고 있다. 음악을 '듣는다'기 보다는 '본다'는 표현이 더욱 적절할 것이다. 주로 뮤직비디오를 통해 K-pop이 확산되고 있기 때문이며, 팬들은 음악뿐만 아니라 같이 업로드된 관련 드라마 클립이나 동영상 등을 동시에 소비한다.

인터넷과 같은 디지털 미디어가 처음 개발되고 상용화되기 시작할 때, 기술 개발자, 정책 입안자, 학자들은 주로 '도구로서의 미디어'의 잠재력에 집중했었다. 그러나 인터넷 미디어가 상용화됨에 따라 미디어가 가지고 있는 도구적 기능보다는 보다 새로운 기술이나 인터넷에서 생산되고 있는 사회, 문화, 경제, 정치적 현상으로 관심이 이동하였다(이동후, 2006). 인터넷이 미디어로 서의 중심적 역할을 하게 되면서 한 사회의 문화가 생산되고 공유되는 의사소 통방식의 체계를 변화시키는 과정, 혹은 테크놀로지와 테크닉, 정보의 양식, 커뮤니케이션의 코드 등이 인간 사회를 구성하는 과정을 연구하는 미디어 생 태학(Media Ecology)적 시각이 주목을 받았다. 미디어 생태학은 미디어의 내 용보다는 미디어의 상징적 형태, 물리적 형태, 가용성과 접근성, 정보전달의 속도, 유통될 수 있는 정보의 양, 정보 흐름의 방향 등 미디어의 구조적 특성 을 주목하며 맥락으로서의 미디어를 분석한다. 즉, 미디어와 인간의 상호작 용이 어떻게 문화의 특성을 부여하고, 문화가 어떻게 상징적 균형을 유지하는 지 관심을 갖는다(Postman, 2000, pp.10~11).

이러한 시각은 현재 크게 대중화된 소셜 미디어를 이해하는 데 중요한 이론적 기반을 제공한다. 미디어 생태학은 미디어를 정보나 데이터를 옮기는 가치중립 적인 도구나 회로로 보지 않고, 미디어의 구조가 정보의 성격을 결정한다고 본 다. 또한 각 미디어는 물리적, 상징적 특성에 의해 특정한 편향성을 지니고 있으 며, 이러한 미디어의 편향성은 심리적, 사회적, 경제적, 정치적, 문화적 효과를 가지고 특정한 문화시스템을 생성시키거나 강화한다고 본다. 즉, 새로운 테크놀 로지가 등장할 때마다 미디어는 새로운 테크놀로지를 통해 사회의 변화를 주도 해왔을 뿐만 아니라, 커뮤니케이션 양식의 변화도 가져왔다고 설명할 수 있다.

미디어가 발달함에 따라 사회구성원들의 커뮤니케이션 양식의 변화도 함께 이루어졌으며, 이와 같은 변화는 인간의 생각을 구체적인 메시지로 재현하는 미디어의 매개적 역할의 확장을 가져왔다. 맥루한(McLuhan)의 논의처럼 미디 어는 단순한 정보 유통 수단에 그치지 않는다. 미디어는 생각을 전달할 뿐만 아니라 생각의 과정도 형성하기 때문이다.[14] 그리고 소셜 미디어의 대중화는 맥루한의 논의를 적용하기에 좋은 텍스트를 제공한다. 인터넷의 네트워크망이 가져왔던 미디어 환경의 변화, 수용자의 능동적 참여와 생산은 소셜 미디어(Social Media)가 등장하면서 또 다른 층위의 미디어 환경을 구축하고 있기 때문이다.

그렇다면 소셜 미디어는 무엇이며 어떻게 등장하였는가?

네티즌이 생산하는 콘텐츠에 기반을 두고 인터넷상의 네트워크를 형성하는 서비스는 소셜 네트워크 서비스(Social Network Service)로 개념화되었고, 이러한 서비스를 제공하는 사이트는 소셜 네트워크 사이트(Social Network Site)로 개념화되었다. 최초의 SNS로 평가받는 '클래스매이트닷컴(Classmate. com)'이나 '식스디그리닷컴(SixDegrees.com)'은 친구 리스트 구성을 통해 온라인상의 네트워크 구축하는 서비스로 초기 소셜 네트워크 서비스의 전형을 구축하였다. 비슷한 시기 구축된 '아시안에버뷰(AsianAvenue.com)', '블랙플레닛(BlackPlanet.com)', '미젠트(MiGente.com)' 등의 사이트들은 인종적인 기반을 두고 출발하여 현재까지 활발한 서비스를 제공하고 있다(Body & Ellison, 2007). 이처럼 초기 SNS는 학연, 지연, 인종 등 오프라인 네트워크의 특성을 토대로 온라인상의 네트워크를 구축하는 형태로 출발하였다.

국내 인터넷 서비스 영역에서도 SNS는 초기 인터넷 문화의 핵심이었고 인터넷 확산에 주된 역할을 하였다. 1999년 6월 다음(Daum)은 카페한메일(Cafe Hanmail) 서비스를 중심으로 국내 포털업계 1위로 급성장하였고, 2008년 현

---

14) 1882년 프리드리히 니체는 타자기를 구입함으로써 머릿속의 생각들을 종이에다 문자로 옮길 수 있다는 것에 고무되어있었다. 니체에게 신체의 한계를 극복하고 저술활동을 할 수 있다는 것은 눈을 감고도 자판을 두드리며 저술활동이 가능한 상황을 의미하였으며, 신체작용의 한계극복뿐만 아니라 사유의 패턴과 지식생산의 패턴의 변화를 경험하게 했다. 그의 저술활동을 타자기 사용 전후로 나눠 분석한 결과 손으로 쓴 작품과 타자기를 통해 글을 쓴 작품의 문장에서 큰 차이를 나타냈다. 또한 글을 쓰는 속도에서도 큰 변화가 감지되었다 Nicholas Carr 지음, 최지향 옮김(2011), 『생각하지 않는 사람들』, 청림.

재 730만 개의 '다음카페'가 개설되어 있다. 초기 SNS는 오프라인 공간 네트워크를 온라인 공간으로 확장되면서 온라인 공간의 특성이 만들어졌고, 온라인 네트워크 특성에 대한 연구들이 활성화되었다(황상민 · 김지연 · 조희진, 2008). 이후 블로그와 동영상 UCC(User Creative Contents) 등의 개인 미디어 성격이 강화된 SNS가 등장하면서 이들 서비스의 미디어적 기능에 대한 연구들이 다수 등장하게 되었다(김영주, 2006; 박노일 · 남은하, 2008; 최민재 · 지성우, 2008). SNS의 네트워크 기능에 대한 주목은 웹2.0 패러다임의 등장과 이를 지원해줄 수 있는 기술적 지원 소스를 토대로 한 '유튜브(Youtube.com)', '위키피디아(wikipedia.org)', '마이스페이스(myspace.com)', '세컨드라이프(Secondlife.com)' 등의 사이트들이 급성장하면서 더욱 주목을 받게 된다. 또한 2009년에는 마이크로 블로그인 '트위터(Twitter)'가 급성장세를 보이면서 더욱 탄력을 받게 되었다.

이와 같이 네트워킹 기능의 확장을 가져온 소셜 미디어의 개념은 현재 신문, 방송, CATV 등과 같은 전통 미디어 또는 산업형 미디어와 대비되는 개념으로 사용되고 있다. 소셜 미디어들은 웹2.0 패러다임에 부합해 상호 간의 콘텐츠나 서비스 모델의 교류가 수월하게 이루어질 수 있는 환경을 구축하고 있다. 전 세계적으로 폭넓게 이용되고 있는 '소셜 미디어' 개념의 확산과 관련 사이트의 증가는 전통적인 온라인상의 네트워크 기능을 기반으로 한 네티즌 콘텐츠의 중요성 강화를 의미하기도 한다(한국언론진흥재단, 2009).

일반적으로 소셜 미디어는 콘셉(concept), 미디어(media), 소셜 인터페이스(social interface)라는 세 가지 구성요소를 가지고 있다. 콘셉이란 예술, 정보와 같은 문화구성요소를 말한다. 미디어는 물리적인 매체 또는 전자적이거나 언어적인 매개체를 의미하며, 사회적 인터페이스는 친밀하고 직접적인 관계나 커뮤니티 관여, 사회적인 여과성, 방송이란 신디케이션 혹은 신문과 같은 물리적 매체 등을 포함한다.

따라서 소셜 미디어란 사람들의 생각, 경험, 의견, 관점 등을 서로 공유하기 위해 사용하는 온라인 툴과 플랫폼을 의미한다. 이러한 소셜 미디어는 텍스트, 이미지, 오디오, 비디오 등의 다양한 형태의 콘텐츠를 생산할 수 있는데, 가장 대표적인 소셜 미디어로는 블로그(blog), 소셜 네트워크(Social Network), 메시지 보드(Message), 팟캐스트(Podcast), 위키피디아(wikipedia), 비디오 블로그(Videoblog) 등이 있다(www.fkii.or.kr).

뉴손, 호가튼 그리고 패튼(Newson, Houghton & Patten, 2009)은 소셜 미디어라는 개념은 크리스 쉬플리(Chris Shipley)[15]에 의해 처음 사용되었으며, 블로그나 네트워킹 사이트, 위키, 팟캐스팅과 비디오 캐스팅, 가상세계, 소셜 북마킹 등을 통해 온라인상 정보의 커뮤니케이션 참여와 축적을 가능케하는 온라인상의 도구와 프로그램을 의미한다고 정의한다. 사프코와 브레이크(Safko & Brake, 2009)는 소셜 미디어란 문서나 그림, 동영상, 음원 등을 전송하거나 제작할 수 있게 해주는 웹 기반의 응용 소프트웨어를 통칭하는 대화형 미디어를 통해 참여자들이 정보와 지식, 의견을 공유할 수 있게 해주는 미디어로 정의한다(한국언론진흥재단, 2009). 결국 소셜 미디어가 사람들의 의견, 생각, 경험, 관점 등을 서로 공유하기 위해 사용하는 온라인 툴과 플랫폼으로 미디어의 일차적 이용목적이 상대방과 의사소통 및 메시지 전달인 동시에 그 과정 속에서 상호 간 관계를 구축하는 것임(김유정, 2009)을 감안할 때 소셜 미디어는 이용자 상호 간 접촉을 용이하게 하고, 효율성, 즉시성 및 이동성을 바탕

---

15) 기술적 트렌드에 대한 연구와 조사를 하는 가이드와이어 그룹(Guidewire Group)의 공동 설립자.

으로 강력한 사회적 관계를 창출하는 것을 의미한다.

〈표 2-1〉 소셜 미디어의 특성

구 분	의 미
참여(Participation)	소셜 미디어는 관심 있는 모든 사람들의 기여와 피드백을 촉진하며 미디어와 수용자(audience)개념을 불명확하게 함
공개(Openness)	대부분의 소셜 미디어는 피드백과 참여가 공개되어 있으며 투표, 피드백, 코멘트, 정보 공유를 촉진함으로써 콘텐츠 접근과 사용에 대한 장벽이 거의 없음
대화(Conversation)	전통적인 미디어가 'Broadcast'이고 콘텐츠가 일방적으로 수용자(audience)에게 유통되는 반면 소셜 미디어는 쌍방향성을 띰
커뮤니티(Community)	소셜 미디어는 빠르게 커뮤니티를 구성케 하고 커뮤니티로 하여금 공통의 관심사에 대해 이야기하게 함
연결(Connectedness)	대부분의 소셜 미디어는 다양한 미디어의 조합이나 링크를 통한 연결상에서 번성

출처: 「소셜 미디어(Social Media)란 무엇인가?」, p. 53. www.fkii.or.kr

위의 〈표 2-1〉에서 정리한 것과 같이 참여, 공개, 대화, 커뮤니티, 연결성이라는 특징을 지닌 소셜 미디어는 2004년 검색시대를 연 구글(Google)의 탄생, 2005년 소셜 네트워킹 서비스인 마이스페이스(MySpace)의 시작, 2006년 인터넷 커뮤니케이션 패러다임을 바꾼 동영상 사이트 유튜브(YouTube)의 확산으로 미디어 이용패턴에 큰 영향을 미쳤다. 이후 2008년 웹2.0을 반영한 SNS, 페이스북(Facebook) 등은 개인이 이용가능한 미디어 지형의 범주를 확장시켰으며, 그 효과와 사회적 영향력(설진아, 2009)에 대한 기대는 점차 증가하고 있는 상황이다.

(3) 소셜 미디어의 대중화와 이용자의 정보활용능력의 변화

소셜 미디어는 이용자들의 의견, 감정, 경험, 관점 등을 서로 공유하기 위해 사용하는 온라인 툴과 플랫폼이다. 현재 소셜 미디어가 특히 주목받는 이유는 이용자 간의 상호 접촉을 용이하게 하고 효율성, 즉시성, 이동성을 바탕으로 한 사회적 관계 창출이 용이하기 때문이다. 따라서 이용자의 기하급수적인 증가, 빠른 시간 내의 미디어 환경에 적응하는 이용자들, 그리고 소셜 미디어를 활용한 정보 생산과 공유, 소비 패턴의 변화는 정보접근의 편리성과 정보이용량의 증가를 가져왔으며 정보 공유 영역의 확장을 가져왔다. 이에 따라 짧은 시간에 많은 정보를 수용하고 판단해야 하는 상황에 놓인 이용자들이 생각하는 정보에 대한 가치는 점차 변화하고 있다. 미디어 간 상호 연계성을 가능하게 하는 다중 플랫폼, 다중 플랫폼을 넘나드는 정보의 하이퍼링크 등은 정보에 대한 '산발적 집중'을 가져오고 있다. 또한 실시간으로 정보가 업데이트됨에 따라 정보는 점차 단문화(短文化) 추세를 나타내고 있으며, 파편화되어 있는 정보를 종합적이고 체계적으로 이해한다는 것은 고도의 집중력을 요구한다. 하지만 빠르게 전송되는 정보들을 정확하게 이해하는 것은 현실적으로 어려운 일이다. 따라서 현재 인터넷을 이용하는 이용자들의 정보이용 패턴도 변화하고 있다.

이용자가 생산하는 정보에 기반을 두고 인터넷상의 네트워크를 형성하는 소셜 네트워크는 초기 인터넷 문화의 핵심이었으며, 인터넷 포털 사이트가 이용자의 증가를 가져올 수 있는 중요한 기반이기도 하였다. 커뮤니티, 블로그 등을 통해 인터넷 포털사이트는 수많은 이용자들을 연결해주는 주요한 기능을 해왔다. 최근 웹2.0 패러다임의 등장과 이를 지원할 수 있는 기술이 발달하면서 마이크로 블로깅 서비스 형태의 정보공유 영역은 확장되었다. 현재 소셜 미디어 환경에서 정보에 대한 접근성은 기존 미디어에 비해 적은 비용이나 혹은 무료로 접근 가능하며, 전문적인 훈련 없이도 이용가능하다. 또한 정보생산의 주기가 일정하지 않으며 언제든지 생산과 피드백이 가능하다. 또한 정보의 즉각적인 수정도 가능하다.

이러한 맥락에서 '소셜(Social)'은 집단의 구성원으로서의 개인, 혹은 분자화되고 개별화된 개인의 구분보다는 둘의 개념이 혼재하는 것임을 알 수 있다. '소셜 미디어 환경'에서의 커뮤니케이션은 집단 및 개인 간 혹은 개인·집단 간 미디어 정보에 대한 다양한 비대칭적 혹은 대칭적 연결성이 형성되고 동시적이자 비동시적인 커뮤니케이션이 가능하다는 것을 의미하기 때문이다. 미디어가 융합되는 전환의 미디어 과정 속에서 이용자 개인은 문자, 이미지, 소리 등의 다양한 양식의 미디어 텍스트에 실시간에, 혹은 자신이 원하는 시간에 접하고 참여할 수 있게 된다. 또한 네트워크상의 문자 텍스트는 다차원적인 상호작용의 맥락에 놓임으로써 기존의 문자 텍스트가 가졌던 엄격함에서 벗어나게 되며, 이용자의 선택권이나 피드백이 강화된 맥락에서 수용된다.

하지만 현재 무한한 정보 이용의 생산과 소비가 가능해지고, 다양한 피드백이 가능해지면서 이에 대한 참여를 하기 위해서 이용자는 미디어 이용시간을 더욱 늘려야 한다. 물론 이용자는 기존 콘텐츠를 다시 재구성할 수 있으며, 직접 정보를 제작하여 올릴 수도 있다. 여러 가지 미디어를 활용해 자신의 의견 혹은 자신을 드러냄으로써 '재매개된 자아(remediated self)'[16]를 경험하게 되기도 한다. 이용자는 개인의 물리적 시간의 한계를 넘어서며 관심사에 따라 공동체에 참여하기도 하고 접근하고 교류할 수 있으며, 여러 개의 미디어 플

---

16) 재매개 관계에 있는 미디어들에 대한 경험을 통해 형성되는 자아.

랫폼을 통해 다층적인 대화를 나누거나 커뮤니케이션 대상을 옮겨다닐 수 있다. 그러나 동시에 다양한 플랫폼을 넘나들고 다양한 담론을 살펴보고 참여하기 위해서는 단일화된 시간을 복합적 시간으로 활용해야 하는 '수고(愁苦)'를 거쳐야 한다. 제한된 시간내에 많은 정보를 이해해야 하며, 중요한 것과 중요하지 않은 것, 자신의 관심사와 관련된 정보를 빠르게 구분해야 한다. 그러나 네트워크화된 소셜 미디어 환경은 이용자가 자신의 문제, 자신의 정보에 집중할 시간을 주지 않는다. 계속되는 실시간 업데이트 정보, 이용자가 바라보고 이해하는 정보는 단선적인 정보흐름을 갖지 않고 끊임없이 다른 페이지로 넘어간다. 물론 책을 읽으면서도 피상적인 사고가 가능한 것처럼 인터넷을 서핑하는 동안에도 깊은 사고가 가능하기도 하지만, 이는 인터넷이라는 기술이 권장하고 또 가져다주는 사고의 종류는 아니다. 인터넷 서핑은 짧은 시간의 집중력만을 요(要)하는 행위이기 때문이다. 이와 같은 정보소비 환경은 이용자가 보다 많은 정보를 소비할 수 있는 긍정적 환경으로서의 역할을 하기도 하지만, 감각적이고 놀이 중심의 정보에만 집중하게 할 수 있는 기회를 더욱 많이 경험하게 한다는 한계도 가진다.

하지만 이이러니 하게도 최근 한류 붐이 다시 한 번 일어나게 한 요인 중 하나는 유튜브 등 소셜 미디어를 통해 빠르게 확산된 뮤직 비디오 등이다. 매력적 비주얼을 주요 무기로 하는 K-pop 뮤직비디오는 한류문화를 접한 경험이 없는 이용자일지라도 뮤직비디오를 보고 즐기는 데 큰 어려움이 없으며, 이와 관련된 영상, 혹은 정보들을 찾기 쉬운 미디어 이용환경이 큰 역할을 했다. 결국 소셜 미디어 환경에 놓여있는 이용자들의 미디어 이용패턴 자체도 세분화, 파편화되고 있기 때문에 커뮤니케이션 과정에서 나타나는 다양한 의미생산과정을 복합적으로 사고하고 이해하려는 노력들이 요구되는 시대가 되었다.

(4) 정보접근의 놀이화

소셜 미디어의 주요한 특징 중 하나는 정보접근의 편리성일 것이다. 이미 인터넷은 물리적·정신적 행동의 반복을 권장하고, 반응과 보상을 전달하는 초고속 시스템, 심리학 용어로 '긍정적 강화(positive reinforcement)'라는 시스템을 제공해왔다(Nicholas Carr, 2011, p. 176). 링크를 클릭할 때 무수히 많은 정보와 볼거리를 제공하며, 이용자는 문자, 메신저, 이메일 등을 통해 즉각적으로 피드백을 받는다. 이와 같은 인터넷의 쌍방향성을 지닌 소셜 네트워크는 정보를 찾고 스스로를 표현하고 다른 이용자들과 끊임없이 대화하는 상황을 제공할 수 있다. 이용자 개인이 각종 정보에 대한 접근, 처리, 조작 등의 능력을 갖게 되면서 과거와는 다른 영향력을 행사하게 되었다. 개인이 각종 정보에 대한 다양한 능력을 갖게 됨에 따라 기존의 미디어 정보 혹은 다양한 정보 자료와 상호작용이 보다 활성화되고 데이터 제작에 개인들이 유기적으로 참여할 수 있다. 개인은 과거의 수용자처럼 일방적으로 주어진 콘텐츠나 정보를 읽는 수준의 소비자에 머물 수도 있지만, 정보를 검색하며 선택하는 '맞춤형' 수용과정을 가질 수도 있다.

젠킨스(Henry Jenkins)의 논리처럼 새로운 미디어 환경은 이용자들의 '소비 활동과 영역과 범위를 확장'시키기고 있다. 네트워킹, 멀티태스킹, 콘텐츠의 전유가 가능해졌고, 이러한 기능으로 인해 형성된 참여문화는 '상호작용의 소비'이자, '참여'가 주는 즐거움을 점차 크게 느끼도록 한다. 이용자들은 점차 정보에 접근하는 것만으로도 즐거움을 느끼게 되었다. 커뮤니케이션 기계와 시간을 보내는 것은 현대사회에서 자유를 소비하는 주요한 방법이 되고 있기 때문이다.

이와 같이 정보에 대한 접근 방식이 하나의 소비패턴, 혹은 생산패턴으로 전환되면서 이용자는 프로슈머(prosumer)로서의 위치를 갖게 된다. 말하면서 쓸 수 있고, 읽으면서 볼 수 있는 동시적 상황이 지속되면서 미디어와 미디어가 겹쳐지는 기능 간의 친밀성, 긴밀성은 더욱 강화된다. 따라서 이용자의 다양한 감각 활용이 가능한 정보의 생산과 소비는 하나의 '놀이문화'를 형성하게 되었다. 인쇄매체에서는 경험할 수 없었던 '링크걸기', '공유하기', '모으기' 등은 소셜 미디어 환경에서는 단선적·복합적·동시적으로 가능해졌다. 정보의 공유과정에의 참여는 하나의 시간적 흐름을 형성한다. 정보의 시작지점, 많은 이용자가 바라보는 정보 공유과정에 참여하는 것은 이제 매우 중요한 참여놀이가 되었으며, 이러한 정보공유과정에 참여하지 못할 경우 도태되는 것 같은 두려움을 느끼게도 한다.

어쩌면 현대 사회는 소셜 미디어 세대와 그렇지 않은 세대로 이분화되고 있는지도 모른다. 텔레비전을 주요 플랫폼으로 하는 콘텐츠를 주요 콘텐츠라고 인식하는 세대, 그리고 자신이 활용할 수 있는 미디어 플랫폼으로 텔레비전 콘텐츠뿐만 아니라 관련 정보 검색, 자신의 의견을 타인과 공유 그리고 타인의 생각을 읽는 방식까지 미디어 플랫폼을 통해 정보를 검색하고 소비하는 행위자체가 하나의 놀이로, 자신의 정체성을 드러내는 방식으로 활용하는 세대가 그렇다.

K-pop 관련 정보를 검색해보면, 유튜브 영상 중 아이돌 그룹의 춤을 따라하는 자신의 모습, 혹은 친구들과의 모습을 촬영한 영상을 올린 자료들을 쉽게 찾아볼 있다. 또한 걸 그룹 원더걸스의 '노바디' 춤을 단체로 추는 영상, 걸그룹 소녀시대의 춤, 아이돌 그룹 샤이니, 혹은 슈퍼주니어의 춤을 따라하는 영상들

도 무수히 많이 게시되어 있다. 따라서 K-pop 팬덤 뿐만 아니라 현대사회의 문화팬덤은 다양한 미디어 플랫폼을 이용해 자신이 보고 느낀 것을 표현하고 공유하는 적극적 문화생산주체로서의 역할을 충실히 하고 있음을 알 수 있다. 영화나 텔레비전 프로그램의 영상을 편집해 자신의 정치적 입장을 드러내는 패러디 영상을 제작, 공유하는 사례들도 무수히 많으며, 꼭 사회적, 정치적 참여가 아니더라도 자신의 일상적 삶을 촬영해 함께 공유하는 사례들도 꾸준히 있어왔기 때문이다. 그리고 무엇보다도 이와 같은 문화 생산 환경 구축에 있어서 소셜 미디어의 역할 역시 매우 크다는 것 역시 주목해야 할 것이다.

2) 소셜 미디어를 통해 재매개, 탈매개되는 콘텐츠

(1) 미디어간·텍스트 간 상호 연계성

소셜 미디어 환경은 미디어간 혹은 텍스트 간 상호 연계성의 확장을 가져왔다. 이에 따라서 이용자가 미디어를 이용하는 동안 수행해야 하는 일의 '동시성'은 더 복합적으로 진행된다. 실제로 미디어 이용은 하나의 미디어 영역에 국한하는 것이 아니라 다른 미디어와의 관계 속에서 복합적으로 전개된다. 현재의 미디어환경에서 이용자는 대개 복수의 미디어로 구성되는 미디어의 이용패턴을 보여준다. 이러한 환경이 조성될 수 있었던 이유는 새로운 미디어가 기존 미디어들의 새로운 형태나 위치를 갖게 하는 데 영향을 미치기 때문이며, 인터넷도 예외는 아니다.

맥루한의 '탈육화된 수용자'라는 의미는 소셜 미디어 환경에서 보다 확장된다. 이용자는 매개된 데이터 공간이나 사회적 공간에 접속하며 상호작용할 수 있게 된다. 독자와 저자 간의 거리감을 유지했던 인쇄 미디어와 달리 전자

기술은 그 속도와 시청각 형식을 통해 이용자들에게 공동의 경험을 갖게 한다 (이동후, 2009). 여러 개의 스크린을 통해 여러 개의 세계에 동시에 도달 할 수 있으며, 다중적 자아를 경험하게 된다. 끊임없이 재매개 되는 미디어의 플랫폼, 스크린 화면속의 화면분할, 하이퍼링크된 텍스트의 분할 등은 이용자에게 재매개화된 자아를 경험하게 한다. 다양하고 가변적인 상황의 경험은 맥루한의 '탈육화된 경험'을 유지하게 한다. 미디어간 상호 연계성[17]의 확장은 텍스트의 상호연계성[18]과 동시적으로 이루어진다. 텍스트의 안과 밖을 구분하는 일은 통상의 경험의 세계 안에서는 여전히 유의미한 일이다. 하나의 텍스트가 다른 텍스트들과의 상호작용에 의해 그 경계가 모호하다는 말은 논리적으로 특정한 텍스트의 경계를 전제로 한 말이다. 또한 상호작용을 외적인 것과 내적인 것으로 구분하는 일은 상호텍스트성의 문화적 양상을 설명하는 데 있어 중요한 의미를 지닌다. 외적인 상호텍스트성이 외부의 텍스트를 통해 의미를 구축하는 것인바, 이는 세계에 대한 언급이며, 동시에 바깥에 대한 관점을 드러내는 것인 반면, 내적인 상호텍스트성은 텍스트의 자의식과 자기 정당성을 드러내기 때문이다(박근서 · 전규찬, 2003, p. 28).

무엇보다도 미디어 텍스트의 안과 밖의 개념의 전환을 가져온 하이퍼링크는 미디어에 대한 이용자의 경험을 변화시켰다. 서로 다른 정보를 하나의 스크린에 재현하면서 멀티미디어 인터넷은 콘텐츠를 더욱 분절시키고 이용자의 '산만한 집중'을 유지하게 한다. 물론 하이퍼링크, 이로 인해 얻을 수 있는 검색 가능성, 멀티미디어적 기능, 쌍방향성 등은 소셜 네트워크를 통해 읽기

---

17) 미디어상호연계성(intermediality): 디지털 멀티미디어의 경우 개별 미디어 요소들이 유기적인 관계로 매끄럽게 통합되어 있기는 하지만 구성요소 각각의 독립적 개체성은 유지되는 것을 의미

18) 예: 하이퍼텍스트나 월드와이드웹

와 쓰기, 듣기와 보기 사이를 끊임없이 옮겨 다닐 수 있다는 것은 여전히 매력적이다. 수많은 불필요한 정보를 골라낼 필요도 없고 필요한 정보를 즉시 찾고, 또 이 정보를 기반으로 다른 정보로 옮겨갈 수 있기 때문이다.

(2) 정보의 파편화 · 공유: 산발적 집중과 복합 시간성

소셜 미디어 환경이 대중화됨에 따라 이용자의 시간과 공간을 이해하는 사유방식은 더욱 크게 세분화되고 파편화되었다. 홀(Hall)은 문화권에 따라 행동의 시간적(temporal) 조직화 방식이 크게 다르다고 설명한다. 행동의 조직화에 근간이 되는 시간 개념을 '단일시간(monochronic time)' 개념과 '복합시간(polychronic time)' 등 두 가지로 구분하였는데, 단일시간은 엄격한 시간 스케줄에 의거해 하나의 행동을 하고 나서 다른 행동을 하는 순차적 시간을 의미하며, 복합 시간은 동시에 여러 행동을 수행하고 상대적으로 시간 스케줄의 엄격성이나 계획성이 적은 경우라는 것이다.

'복합시간성'에 대해 브라이스(Bryce, 1987)는 미디어 이용패턴의 특징은 비계획적 미디어 이용, 다른 미디어 이용이나 행동과 중첩, 동시적 행동으로서 미디어를 이용하고 미디어나 콘텐츠에 대한 산발적 집중패턴을 보인다고 설명한다(이재현, 2006). 현재의 소셜 미디어 환경에서는 단일시간의 미디어 이용패턴과 복합시간의 미디어 이용패턴이 교차하는데, 이 과정에서 하루의 시간은 동일한 배분의 시간이 아닌 특정시점의 시간이 더욱 복합적으로 활용되는 패턴을 보여준다. 따라서 단일한 시간을 세분화시켜 복합 시간성으로 활용가능한 것은 소셜 미디어가 가지는 동시성과 즉각성, 폭넓은 정보공유의 가능성 때문일 것이다. 그리고 이러한 미디어 환경은 정보를 세분화하고 쪼갬으로서 네트워크를 통해 이용자에게 빠르게 전달하도록 한다.

소셜 미디어의 대표적 네트워크인 트위터는 짧은 단문으로 이동성에 강점을 둔 소셜 네트워킹 사이트를 강화시킨 소형판 웹블로그이다(Böhringer & Richiter, 2009, 설진아 2009, p.41 재인용). 트위터는 주로 웹이나 모바일을 통해서 자신의 근황을 알리고 자신의 소식을 알고자 하는 사람들은 사용자의 허가유무에 상관없이 관계를 맺을 수 있다. 마이스페이스와 페이스북, 블로그와 SMS 등 기존의 다양한 SNS가 존재함에도 불구하고 트위터가 유행할 수 있는 이유는 소셜 미디어로서의 특성이 더욱 강화되었기 때문이다. 즉, 기존 블로그나 페이스북이 커뮤니케이션을 하기 위해 많은 노력을 해야 한다면, 트위터는 컴퓨터 뿐 아니라 휴대폰, 스마트폰 등 모바일 기기와 인스턴트 메시징으로도 이용이 가능해 방송과 같이 강한 전파력을 가진 채널로 활용될 수 있는 것이다. 또한 오프라인처럼 구속력이 없고 관계 맺기가 자유롭다.

따라서 이용자들의 사고가 웹 콘텐츠의 세분화된 하이퍼링크된 파편들에 맞춰지면서 미디어 정보 제공자들은 집중력이 짧아진 이용자들의 성향에 맞춰 생산물들을 쪼개고 이 생산물들의 관련 내용을 소셜 네트워크에 업로드 되고 있듯이, 미디어 관련 정보들은 세분화되어 유튜브와 같은 동영상 서비스 등을 통해 유통되고 있다.

소셜 미디어가 흥미로운 점은 이렇게 세분화되고 분리되는 정보가 그대로 흩어지는 것이 아니라 빠르게 공유될 수 있다는 점이다. 피에르 레비(Pierre Levy)의 '집단지성', 돈 탭스콧(Don Tapscott)의 '지식 공유'에서도 설명되고 있듯이 현대사회는 어디에 접속하고, 어떻게 공유할 것인지가 중요한 사안이 되었다. 그리고 이를 가장 잘 재현해내는 것이 바로 소셜 미디어이다. 유튜브, 페이스북 등에 나의 관심사를 개진하면 유사한 형태의 정보들과 연결되고, 여기에 접근하고자 하는 많은 사람들과 함께 공유할 수 있다. 신한류가 소셜 미디어와 함께 더욱 확장될 수 있었던 것도 정보확장과 정보 공유가 가능한 네트워크가 구축되었기 때문이다. 국내 주요 방송사들이 자사의 콘텐츠를 유튜브에 올리거나 유명 연예 기획사들이 유튜브 등에 채널을 개설하고 대표 가수들의 음원을 공개하는 이유도 정보 접근성과 정보 공유 가능성이 그 어느 미디어 보다 뛰어나기 때문이다.

3) 한류문화 교류의 주요 채널, 소셜 미디어

(1) 유튜브

무료 동영상 공유 사이트인 유튜브는 세계의 다양한 모습을 볼 수 있는 주요 채널로서의 역할을 하고 있다. 한 개인의 삶이나 가족의 이야기부터 특정 유명인사, 혹은 전 세계에서 일어나는 사건, 그리고 전문적 미디어 콘텐츠까지 업로드 되는 동영상의 범위는 엄청나다. '무료'로 '동영상'을 '공유'할 수 있다는 이 세 가지 특징은 기존의 미디어와 같는 가장 큰 차이이자, 수많은 인터넷 이용자들의 관심을 모을 수 있었던 이유이기도 하다.

전 세계적으로 하나의 플랫폼을 통해 동영상을 유통시키는 채널인 유튜브는 '신한류', K-pop의 붐을 일으킨 주요 채널이기도 하다. K-pop은 유튜브, 아이튠즈, 페이스북과 같은 다양한 소셜 미디어에서 유통되는데, 특히 유튜브가 신한류 열풍에 절대적으로 기여했다고 평가한다.[19] 물론 해외 진출의 성공요인은 국내 유명 기획사들이 기획 단계부터 글로벌 시장을 겨냥한 현지화 전략을 바탕으로 아이돌 스타의 육성, 디지털 기반의 음반 유통과 소셜 미디어를 활용한

---

19) 한국은 2008년 1월부터 한국어 서비스를 시작하였으며, 국내 동영상 사이트들을 제치고 국내 동영상 트래픽에서도 1위를 차지하고 있다.

마케팅 전략을 추구했기 때문이다. 하지만 이와 더불어 한류가 유럽과 중동, 남미까지 확산될 수 있었던 데에는 한류 생산주체들의 해외 진출 전략과 함께 유튜브, 페이스북, 트위터 등 소셜 미디어 역시 주요하게 작용했다. 소셜 미디어를 통해 한류 팬 커뮤니티가 본격적으로 구성됨에 따라 이를 좀 더 활성화시키기 위해 K-pop 인기 아이돌 그룹들의 팬 사이트에서는 세계 각국의 팬들이 다양한 언어로 서로 정보와 의견을 교류하며 자발적으로 한국 드라마, 예능 등의 프로그램을 다양한 언어로 번역하여 온라인에서 공유한다(손승혜, 2011). 현재 K-pop의 주요 수용층은 인터넷 혹은 디지털 미디어를 일상적으로 이용한다는 점을 고려해 K-pop의 주요 팬들의 기호에 맞춰 유튜브 등 소셜 네트워크 서비스를 적극적으로 활용하고 있다. 돈 탭스콧의 논의처럼 태어나면서부터 디지털 미디어 환경에 노출된 세대들은 인터넷 공간을 통해 다양한 변화를 시도하는 것은 일상적 활동이다. 따라서 문화를 생산하고 소비하는 패턴 역시 디지털 미디어 환경속에서 이루어질 때 더 큰 파급력을 갖는다.

한국콘텐츠진흥원의 자료에 따르면 국내 콘텐츠 산업의 연도별 수출액은 2008년 23억 달러(약 2조5000억 원)에서 2011년 42억 달러로 증가했다. 이 가운데 증감률이 가장 높은 분야는 음악(112.9%)으로 신한류의 인기를 가늠할 수 있는 부분이다. 2010년, 유튜브에서 케이팝을 '시청'한 건수는 8억 회였고, 2011년 조회수는 전 세계 235개국에서 약 23억 회(SM, YG, JYP 등 대형기획사 3사 기준)로 3배 가까이 증가하였다. 2012년 유튜브의 K-pop 영상의 조회수는 2012년 상반기에만 무려 17억 회를 넘었다(문화일보, 2012.11.1).

무엇보다도 2012년 하반기 큰 주목을 받았던 싸이 역시 유튜브를 통해 전 세계로 그의 음악이 알려졌다. 이미 국내 대형 연예 기획사, 방송사, 정부기관 등은 유튜브와 다각적인 협력을 통해 K-pop을 알리고 전 세계 팬들을 끌어들이려는 노력을 꾸준히 해왔다. SM, YG, JYP 등의 국내 대형 연예기획사들은 유튜브와 제휴하여 각 기획사 소속의 대표 가수들의 음악 관련 대표적 공식채널을 구축한 상태다.

국내 방송사들도 비슷한 행보를 이어갔다. MBC의 2011년 10월 유튜브에 콘텐츠 공급을 시작으로, 국내 방송사들이 자사의 콘텐츠를 유튜브에 공급하기 시작하였다. 그동안 국내 드라마가 해외에 유통되려면 해외 방송국과의 협정, 계약 체결, 2차 판권 조율을 포함한 복잡한 과정을 거쳐야 했다. 하지만 지난 해 싸이가 유튜브를 통해 전 세계 시청자를 실시간으로 직접 공략하는 방식이 성공하면서 방송사마다 비슷한 방식을 추구하게 됐다. KBS, MBC, SBS는 유튜브를 통한 자사 드라마 유통을 강화하고 있다. KBS는 자사 전용 유튜브 채널 수를 늘렸고, MBC는 예능프로 일부를 TV와 유튜브 양쪽 모두에 생중계한다. 또한 SBS는 스마트폰으로 유튜브에 접속하는 시청자를 위해 작은 화면에 맞게 편집된 스페셜 영상을 제공한다. 다양한 방송사의 프로를 모두 제공하는 유튜브 한국 방송프로그램 종합채널도 생겼다(설진아, 2011).

이와 같이 유튜브를 적극적으로 활용하는 K-pop은 다양한 이벤트를 마련하고 있다. 지난 2012년 5월 21일 미국 캘리포니아주 마운틴뷰에 위치한 구글 본사 '구글 플레스' 인근 쇼어라인 앰피시어터 야외 공연장에서는 소녀시대, 슈퍼주니어, 동방신기, 비스트, 원더걸스, 카라 등 인기 아이돌 그룹들의 공연인 K-pop 콘서트가 열렸다. 유튜브 창립 7주년을 맞아 유튜브와 MBC가 공동 기획한 '코리아 뮤직 웨이브 인 구글' 행사였다. 콘서트는 유튜브 채널을 통해 생중계되면서 전 세계 수백만 명의 한류 팬들이 이 공연을 봤다. 공연의 생중계 방식은 주목할 만한 이벤트이며, 실제로 유튜브의 최고 인기 채널이 SM이 운영하는 채널이기도 하다.

(2) 페이스북

페이스북은 현존하는 사업자 중 최대 규모의 온라인 서비스를 제공하는 사업자로, 이용자들은 평균 130명의 친구를 가지고 있으며, 80개의 커뮤니티, 그룹, 이벤트와 연결되어 있다. 페이스북은 이러한 독보적인 위상 때문에 다른 사업자들에게 제휴 파트너로서 큰 인기를 얻고 있다. 250만 개의 웹사이트가 페이스북과 통합되어 있다는 사실만으로도 페이스북의 인기를 알 수 있다 (설진아, 2011). 따라서 현재 한류 생산 주체들 역시 페이스북을 전 세계 팬들과 적극적으로 소통할 수 있는 창구로 활용하고 있다.

〈표 2-2〉 페이스북 팬이 많은 스타 탑 10 (2012년 3월 19일 기준)

성명	팬 수
이민호(배우)	490만 9,725명
슈퍼주니어(가수)	431만 193명
김범(배우)	380만 1,127명
소녀시대(가수)	287만 9,302명
빅뱅(가수)	252만 1,412명
샤이니(가수)	238만 1,038명
2NE1(가수)	233만 8,516명
SMTown(소속사)	121만 9,546명
태양(가수)	103만 9,344명
원더걸스(가수)	90만 9,066명

출처: 서울경제. 2012.3.20.

최근 페이스북은 본격적으로 한류관련 정보를 생산하고 공유하기 시작하는데, 2012년 5월 21일 K-pop스타들의 정보를 볼 수 있는 'K-pop on Facebook'을 개설했다. 결국 K-pop 생산자나 소비자나 페이스북을 정보공유

공간으로서의 인정했다는 것이라 볼 수 있다.

(3) 그 외의 플랫폼

홀루(www.Hulu.com)

신한류가 대부분 K-pop의 주도로 형성되고 있지만, 해외의 플랫폼을 통해서 한국 드라마의 인기도 꾸준히 지속되고 있다는 것을 알 수 있다. 특히 미국 동영상 온라인 사이트인 홀루(Hulu.com)의 한국 드라마와 영화 진출을 통해서도 알 수 있다.[20]

미국의 텔레비전 방송은 영국의 드라마와 일본의 애니메이션을 재외하고는 해외 드라마를 거의 편성하지 않고 있다. 인기 드라마인 〈The Office〉도 원래 영국 BBC의 작품이지만 미국 NBC가 이를 더빙이나 자막으로 처리하지 않고 미국 정서에 맞게 재제작하여 방송하였다(한국콘텐츠진흥원, 2010). 미국 내에서 한국 미디어 콘텐츠는 한국계 지상파 방송사나 위성방송해 방송되기도 하였지만 대부분 현지 교포들을 대상으로 프로그램이었고, 미국 내의 주류 매체 소비자들에게는 채널 접근권, 언어의 차이, 그리고 문화적 할인이 크다는 장벽들이 존재했었다. 그러나 이런 상황은 미국에서의 TV시청방식이 변화하면서 달라지기 시작하였다. 홀루(Hulu), 넷플릭스(Netflix) 같은 온라인 스트리밍 사이트를 통해 드라마나 영화 콘텐츠가 유통되면서 한국 콘텐츠에 대한 장벽이 낮아지기 시작했다. 미국 시청자들의 온라인을 통한 스트리밍 서비스 이용은 계속해서 증가하고 있으며, 90% 이상의 미국 방송사들의 프로그램은 온라인서비스를 통해 시청이 가능하고, 이 중 50% 이상이 2주 안에 업로드 된다.

---

20) 연구자가 2012년 1년동안 미국에 거주하면서 만난 상당수의 한류 팬들, 그리고 미국에 거주하는 한인들은 홀루나 넥서스 등의 동영상 사이트를 통해 한국 드라마와 영화를 소비하고 있었다.

훌루는 2010년부터 한국 드라마를 제공하기 시작하였고, 훌루에서 제공하는 한국 드라마는 주로 비키(ViKi), MBC America를 통해 공급되고 있다.

비키(www.ViKi.com)

인터넷이 국경을 초월해 생산성을 증가시킨 모든 방식에도 불구하고 콘텐츠는 여전히 언어차이가 존재한다. 동영상의 경우 서로 다른 언어시장 간의 콘텐츠 트래픽은 다각적이지 못했다. 물론 미국 주요 제작사에서 만든 영어로 된 콘텐츠 자막이나 더빙 등의 형식으로 전 세계 관객에게 소개되지만, 영어로 자막 처리 혹은 더빙된 소위 '외국' 콘텐츠는 여전히 틈새시장용으로 여겨져왔다. 하지만 이와 같은 틈새시장을 개척한 대표적 사이트가 '비키'(viki)이다. 비키는 전 세계 드라마, 애니메이션, 뮤직비디오 등과 같은 영상 콘텐츠, 뉴스를 이용자들의 자발적인 온라인 협업을 통해 번역하고 자막을 붙여 전 세계와 공유하는 사이트로, 월 평균 방문자수 400만 명이 넘는 글로벌 콘텐츠 플랫폼이다. 비키는 외국어 학습을 위해서는 문화를 이해하는 것이 중요하다고 판단, 이에 착안해 드라마나 영화를 함께 감상하는 것에서 머물지 않고, 실제 자막 제작 과정에 참여하는 과정을 통해 학습하는 온라인 협업 사이트에서 시작하였다(www.viki.com) 비키는 비디오와 위키의 합성어로 비디오 스트리밍을 유저들이 직접 세계 각국 언어로 번역하여 자막을 입력하고 리뷰, 스타뉴스 생산, 관련 UCC제작 등 유저들에 의한 2차 콘텐츠를 생성한다. 그리고 이를 다시 개인 트위터, 페이스북, 블로그 등을 통해 콘텐츠를 전 세계로 보급한다. 비키 역시 다양한 온라인 스트리밍 사이트와 제휴관계를 맺고 콘텐츠를 제공하고 있으며, 훌루를 통해서 다수의 한국 드라마를 제공하고 있다. 비키 사이트에는 영화, TV 프로그램, 뮤직비디오 등 1,000

개 이상의 타이틀이 있으며 가장 인기 있는 콘텐츠는 한국, 일본, 대만 등의 시장에서 온 콘텐츠들이다. 일례로 한국 드라마 〈장난스런 키스〉는 타갈로 그, 에스토니아, 그리스 등 56개 언어로 된 자막이 존재한다(코리아헤럴드, 2012.9.21.)

MBC America

홀루에 한국 드라마를 제공하는 또 다른 사이트는 MBC America(www. mbc-america.com)이다. MBC의 미주법인인 MBC America는 북미와 중남미 지역에 MBC 프로그램을 방송, 배급, 판매하고 있다. MBC가 콘텐츠를 제공하는 스트리밍 사이트는 Crunchyroll(www.crunchyroll.com), Dramafever(www.dramafever.com), Hulu(www.hulu.com), Viki(www.viki.com) 등이다. 이처럼 한국 콘텐츠가 기존의 지상파나 케이블 위성채널 외에 미국의 온라인 스트리밍 서비스를 통해 유통되면서, 다양한 플랫폼을 통해 시청자와 만나는 접점이 점점 늘어나 한류 콘텐츠의 성공적 진출 가능성이 점차 높아지고 있다. K-pop으로 전 세계로 확장되는 한류문화는 드라마를 중심으로 또 다른 층위의 한류 팬덤을 형성하고 있는 것이다.

숨피(SOOMPI)

숨피는 1998년 설립된 한류 포털 서비스로 K-pop과 국내 아티스트, 한국 드라마, TV쇼, 영화, 스타일 등 한류 관련 전 분야를 커버한다. 숨피는 2011년 2월 동영상 검색 전문기업 엔써즈(Enswer.me)에 인수되었으며, 현재 전 세계 150여 개국에서 월평균 2천 700만 이상의 페이지뷰와 260만 명 월 평균 방문자수를 확보하고 있다. 게시판에 해당하는 포럼만 62개가 형성되어 있으며,

매일 1만 4천 개의 댓글이 달린다. 158개의 팬클럽에는 44만 명 이상의 팬들이 가입해 있다. 현재 영어버전, 프랑스어 버전, 스페인어 버전으로 운영된다(www.zdnet.co.kr. 2012.5.27.)

〈표 2-3〉 K-pop 콘텐츠 전문 사이트 숨피 방문자 국가별 순위

순위	2006	2007	2008	2009	2010	2011	2012
1	미국	미국	미국	미국	미국	미국	미국
2	캐나다	캐나다	캐나다	캐나다	캐나다	말레이시아	말레이시아
3	싱가포르	싱가포르	싱가포르	싱가포르	싱가포르	필리핀	필리핀
4	호주	태국	호주	태국	필리핀	싱가포르	인도네시아
5	태국	호주	태국	필리핀	태국	캐나다	싱가포르
6	말레이시아	말레이시아	말레이시아	호주	말레이시아	인도네시아	캐나다
7	필리핀	필리핀	필리핀	말레이시아	베트남	태국	태국
8	영국	베트남	영국	베트남	호주	호주	호주
9	베트남	영국	베트남	영국	인도네시아	베트남	영국
10	인도네시아	인도네시아	인도네시아	인도네시아	영국	영국	베트남

출처: 동아일보, 2012.4.21.

지금까지 살펴본 한국 미디어 콘텐츠 제공 사이트들에서도 알 수 있듯이 소셜 미디어가 전 세계를 대상으로 인적 네트워크를 구축하기 좋은 요소들을 지님에 따라 문화상품 생산주체들은 적극적으로 이 채널을 활용하고 있다. 초국가적 문화물이 소셜 미디어와 만나면서 문화생산과 소비는 이러한 현상을 더욱 가속화시키고 있다. 수용자들 역시 적극적으로 이러한 문화물을 소비하고 참여함에 따라 생산자와 소비자간의 상호작용은 더욱 활발하게 진행된다.

이에 따라 K-pop을 통해 생산되는 한류문화는 끊임없이 이동하고 관계를 맺으며 가상 공동체를 형성한다. 근대화시기 텔레비전 매체가 형성했던 커뮤니티는 디지털 미디어를 만나게 되면서 유동적이지만 끊임없는 상호작용 가능한 가상의 커뮤니티를 형성하기에 이른 것이다.

참고문헌

강상현(2011).「한국사회의 디지털 미디어 기술과 사회변동」. 한국언론학회, 2011.7,
    pp. 5~52.

김영주(2006).「블로그의 미디어적 기능과 한계: 블로그 이용자의 블로그 이용행태와
    평가를 중심으로」,『한국언론학보』, 50권 2호, pp. 59-88

김영찬(2011).「1970년대 텔레비전 외화시리즈 수용연구-자기민속지학과 외화시리즈
    수용연구」,『한국언론학보』, 제55권 6호, pp. 5~29.

김예란(2005).「디지털 아비투스: 플랫폼을 넘나드는 콘텐츠 소비문화」.『방송문화연
    구』, 제17권 2호, pp. 68~109.

Nicolas Carr 지음, 최지향 옮김(2011).『생각하지 않는 사람들』. 청림.

도준호, 심재웅, 이재신(2010).『소셜 미디어의 확산과 미디어 이용행태의 변화』, 한
    국언론진흥재단.

박노일 · 윤영철(2008).「블로그 인기도가 블로거의 저널리즘 인식 및 활동에 미치는
    영향」,『한국언론학보』, 제52권 6호, pp. 100~119.

Bolter, Jay David & Grusin, Richard(1999). *Remediation: Understanding New Media*.
    Cambridge: The MIT Press; 이재현(역) (2006).『재매개: 뉴미디어의 계보학』.
    커뮤니케이션북스.

설진아(2009).「소셜 미디어의 진화양상과 사회적 영향」. 한국언론정보학회 가을철
    정기학술대회 발표글, pp. 35~57.

_____(2011).「방송콘텐츠 한류 확산을 위한 새로운 유통 플랫폼과 정책적 함의」,
    방송콘텐츠 한류의 재발견과 지속가능성, 한국방송학회 세미나 자료집.

_____(2011).「소셜 미디어와 저널리즘의 진화」.『관훈저널』, 제52권 1호, 통권 118
    호, 2011년 봄호, pp. 79~88.

_____(2011).『소셜 미디어와 사회변동』. 커뮤니케이션북스.

손승혜(2011).「유럽의 한류와 K-pop 팬덤 형성」,『한류 2.0시대 진단과 분석』, 한국
    언론학회 세미나, pp. 77~98.

유세경 · 홍석경 · 윤현선 · 정수영(2012).『해외 언론의 한류 보도 분석 연구』. 한국

언론진흥재단 지정 보고서 2012-15호, 한국언론진흥재단.

윤태진 · 이상길(2005). 「IT 문화콘텐츠의 내용과 형식의 변화-음성, 문자, 영상언어를 중심으로」. 21세기 한국 메가트렌드 시리즈 II. 05-25. 정보통신정책연구원.

이기형(2004). 「탈지역적으로 수용되는 대중문화의 부상과 '한류현상'을 둘러싼 문화 정치」. 언론과 사회. 2005년 봄 13권 2호, pp. 189~213.

이재현(2006). 「모바일 미디어와 모바일 콘텐츠: 멀티플랫포밍 이론의 구성과 적용」, 『방송문화연구』, 제18권 2호, pp.287~317.

임종수(2003). 「텔레비전 안방문화와 근대적 가정에서 생활하기-공유와 차이」, 『언론과 사회』 12권 1호, pp. 92~135.

최민재 · 양승찬(2009). 『인터넷 소셜 미디어와 저널리즘』. 한국언론진흥재단.

최민재 · 지성우(2008). 「디지털 시대 방송프로그램 저작권과 동영상」. 『방송과 커뮤니케이션』. 제9권 2호, pp. 67~93.

한국언론학회 저(2010). 『정치적 소통과 SNS』. 나남.

Henry Jenkins(2007), Convergence Culture. New York. 김정희원 · 김동신 옮김(2008). 『컨버전스 컬처』. 비즈앤비즈.

한국콘텐츠진흥원(2010). 「한국 영상물의 미국 시장 진출 전략」. 『KOCCA 포커스』. 2010-12호.

Caldwell, John T.(2003). Second-Shift Media Aesthetics: Programming, Interactivity, and User Flows. In Anna Everett & John T. Caldwell(eds.), New Media : Theories and Practices of Digitextuality. New York and London.

Forrester Research(2009). Consumers Behavior Online: A 2009 Deep Dive.

Harvey, O.(2006). Marshall McLuhan on Technology, Subjectivity and the Sex Organs of the Machine World. Journal of Media & Cultural Studies 20(3), 331~344.

Klingberg, Torkel.(2008). The Overflowing Brain: Information Overload and the Limits of Working Memory. Oxford University Press.

Sweller, John.(1999). Instructional Design in Technical Areas. Camberwell, Australia.

Cowen, Tyler.(2009). Create Your Own Economy. New York.

www.fkii.or.kr.

www.forrester.com

3장
신한류, 글로벌 팬덤

이제까지 한류문화를 형성한 주요 요인인 글로벌 미디어 환경과 미디어 플랫폼의 특징들을 살펴봤다면, 본 장에서는 한류문화를 능동적으로 소비하고 문화형성에 참여하는 팬덤의 문화실천 주체로서의 의미를 살펴볼 것이다. 한류문화가 형성될 수 있었던 요인에는 국내 미디어 콘텐츠의 질적 성장도 일정 정도 영향을 미쳤지만, 아시아 국가들의 경제력이 성장하면서 미디어 시장의 규모가 확대됨에 따라 전 지구적 미디어 콘텐츠의 교류가 확장된 것 역시 중요 요인이다. 그리고 전 지구적 미디어 콘텐츠 교류를 가능하게 한 주요 주체가 바로 문화를 소비하는 수용자일 것이다. 하지만 국내에서는 한류를 문화 간 커뮤니케이션이나 상호교류적 관점에서 바라보기보다는 한류 상대국과 수용자를 한류 문화 상품의 소비 및 마케팅 대상으로 바라보는 경향이 강하기 때문에 한류 팬덤에 대한 획일적 논의가 주를 이뤄왔다. 미디어에서 자주 재현되는 한류팬들은 한류스타의 방문을 공항에서 기다리거나 콘서트 현장에서 열광하는 모습 혹은 한국 명동거리를 가득 메운 아시아 관광객 등으로 비춰졌다. 그러나 최근 K-pop의 전 지구적 소비가 진행되면서 지리적으로, 문화적으로 유사한 아시아지역의 팬덤활동뿐만 아니라 전 지구적 팬 구성이 가능해짐에 따라 한류 팬은 초국가적 문화소비자로서의 위치를 갖게 되었다. 이에 따라 소셜 미디어를 통한 한류 팬들 간 문화교류가 다양한 형태로 나타나기 시작하였다. 특히 한류 팬들은 결집력이 강하고 적극적으로 온라인 활동을 하는 것으로 유명하다. 따라서 본 장에서는 한류 팬들이 한류콘텐츠를 어떻게 소비하고 자신들의 의견을 구체적으로 표출하는지 자세히 살펴볼 것이다.

1. 사회적 문화실천 주체로서의 팬덤

팬덤(Fandom)은 특정 스타나 장르를 선호하는 팬들의 자발적인 모임형태를 의미하는 것으로 대중문화에 다양하게 퍼져있는 뮤지션, 배우, 서사물, 장르들을 선택하여 자신들의 문화 속에 수용하는 대중문화의 일반적인 문화현상으로 정의된다(이동연, 2002, p. 172).

존 피스크(John Fisk)는 팬덤이 종속적인 위치에 있는 사람들의 문화취향임에 주목한 뒤 그것이 공식문화와는 다른 문화자본을 생산한다고 주장한다(John Fisk, 1992). 팬덤은 지배적인 가치 체계에서 멸시받는 문화 형태들, 즉, 팝음악, 로맨스 소설, 만화, 할리우드의 대중 스타들에 의해 주로 연결된다. 피스크에 따르면 본래 문화체계는 경제 체계처럼 그 자원을 불평등하게 분배하고 그에 따라 특권층과 빈곤층을 구분짓는 작용을 한다. 즉, 특정한 문화적 취향과 능력을 특권화한다. 대중문화를 통해 형성되는 팬덤은 문화자본에 상응하는 사회적 위상을 제공함으로써 공식문화에 접근하기 어려운 대중들에게 문화적 결핍을 채우는 하나의 방법이 된다. 이때 중요한 것은 팬덤을 하나의 문화자본으로 만들어내는 것은 팬덤의 생산자이자 사용자인 팬들이라는 점이다.

피스크는 대중문화가 예술문화와는 달리 개입의 가능성이 크다는 점이 팬들의 생산성을 높인다고 설명한다. 즉, 예술문화가 특별한 개인이나 예술가의 창조물이라는 아우라를 통해 수용자들을 종속적인 위치에 놓는 반면, 대중문화는 산업적으로 생산되었고 예술적인 지위를 가지고 있지 않다는 것을 대중들은 인식하고 있기 때문이다. 따라서 대중문화는 완성된 예술품에 비해 재가공과 참여에 개방적이다. 대중문화에 대한 수용자들의 적극적인 참여와 콘텐츠의 재가공에 대한 논의는 디지털 기술과 만나면서 더욱 확장되었다. 인터넷에 자신의 생각을 드러내는 행위는 더욱 자유로워졌으며, 다른 이용자들과 생각을 공유할 수 있는 방식 역시 더욱 넓어졌다.

현재 가장 대표적인 이용자들의 활동을 볼 수 있는 곳이 바로 페이스북과 트위터 등의 소셜 미디어이다. 일례로 페이스북에서는 유튜브에 업로드 되는 영상을 공유함으로써 자신이 맺고 있는 인적 네트워크를 통해 퍼져 나간다. 또한 유튜브에서 주목받은 영상은 온라인에서뿐만 아니라 전 세계 모든 사람들에게 주목을 받게 된다는 것을 의미한다. 트위터에서 일어난 정치적 논쟁은 바로 당일 저녁 뉴스에서 기사 아이템으로 선정, 트위터를 이용하지 않는 시청자들도 트위터에서 발생한 사건을 바로 알게 되는 것이 현재의 미디어 환경이다.

사실 '수용자(audience)'는 어떠한 시각에서 보느냐에 따라 다양한 형태로 설명될 수 있는 주체이자 대상이다. 그리고 수용자는 미디어의 역사와 함께 미디어를 이용하고 메시지를 이해하는 과정도 끊임없이 변화하고 진화해왔다. 대표적인 수용자 연구자인 앙(Ang, 1991)은 텔레비전 수용자의 존재를 찾기 위한 커뮤니케이션학과 업계의 노력이 수용자를 어떤 결정적 유목으로 절대시하는 경향이 있다고 비판한다. 그 대안으로 모호하게 얽혀있는 수용자의 지위를 담론구성체로서 수용자와 실제 수용자의 사회세계로 구분할 것을 제안한다. 그럼으로써 실제 수용자의 세계에서 벌어지고 있는 산발적이지만 구체적인 모습, 가령 시청이라든가, 이용, 소비, 해독 등의 행위를 액면 그대로 살펴볼 필요가 있다는 것이다. 담론구성체로서의 수용자는 일찍이 윌리엄스(Williams, 1961)가 적절하게 지적한 것처럼, 그리고 앤더슨(Anderson, 1983)의 유명한 통찰에서 찾을 수 있듯이, 근대사회의 국민이나 민족, 대중과 유사하게 '상상적 실체(imagined reality)'의 하나이다. 그러나 그 상상적 실체가 구체적으로 무엇을 의미하는지 정확하게 정의되거나 규명되지는 못한 경우에는, 상상적 실체가 쉽사리 '허구'로 치부되기도 했다(임종수, 2010). 이러한 시각이 때로는 수용자를 수동적 대상으로, 미디어 메시지를 받아들이는 대상으로서만 간주하게 만들었다.

하지만 꾸준히 수용자의 능동성과 사회문화적 실천 주체로서 바라본 논의들도 이어졌다. 오랫동안 대중문화에 대한 수용자의 반응, 특히 팬덤으로서의 수용자의 행동과 참여방식에 대한 시각은 비판적이었지만, 문화산업의 성장, 초국적으로 소비되는 글로벌문화의 등장은 대중문화를 소비하고 생산하는 수용자에 대한 시선의 다양성을 가져왔다. 이와 관련 팬덤관련 선행 연구들은 대부분 하위문화론과 능동적 수용자론을 중심으로 이루어졌다.[1]

하위문화연구는 한 사회 내에 하위적으로 존재하는 다양한 문화양식을 고찰하고 그것이 갖는 정치성을 평가하는 데 그 목적을 둔다. 하위문화는 대중매체, 대중문화가 중요한 사회적 제도로서 권능을 떨치고 있음에 착안한 버밍엄 학파 그리고 그 이후의 미국 문화연구 등에 의해 주로 이루어졌다. 주로 미디어 수용자의 문화적 수용, 그리고 미디어가 매개하는 사회적 관계, 그리고

---

1) 팬덤에 대한 하위문화적 시각과 능동적 수용자론은 김현정·원용진(2002)의 논문을 참고 하였다. 김현정·원용진(2002), 「팬덤 진화 그리고 그 정치성-서태지 팬클럽을 중심으로」, 『한국언론학보』, 제46-2호, 2002, 봄호, pp. 253~278.

수용으로 인해 발생할 수 있는 정체성 등에 대해 관심을 가진다. 매체 연구에서의 팬덤 논의 역시 이와 유사하게 이루어졌으며, 대체로 정체성, 스타일적 실천, 저항성 차원의 논의가 주를 이루었다. 팬은 팬덤의 안과 바깥 사이의 경계를 분명히 하는 것으로부터 정체성 구축의 실천을 시작하는 것으로 알려져 있다. 즉, 팬덤은 사회적/대중적 차별, 미학적 차별을 행하는데, 이에 의해 그려지는 팬 공동체와 그 밖의 세상 사이의 경계선으로 팬덤의 정체성을 구축한다는 것이다(Fiske, 1995, pp. 34~37, 박명진 외 편역, 1996, p.192). 젠킨스(Jenkins, 1995)는 특정 집단이 텍스트와 자신의 삶을 동화시키는 과정에서 권능화되는(empowered) 정체성이 형성된다고 설명한다. 그는 TV시리즈에 열광하는 팬들을 지리적, 사회적으로 분산되어 존재하는 것 같지만 사실은 팬덤을 통해 공통의 정체성을 생성시켜 간다고 본다. 그럼으로써 팬덤은 대안적 공동체로 자리잡기도 한다는 점에 주목하였다. 피스크(Fiske)는 마돈나의 팬덤 사례 분석에서 팬들이 머리모양, 화장술, 옷이나 액세서리 등의 선택으로 소통을 시도하고 정체성을 드러내는데, 이것을 단순한 모방이 아니라 소통을 위한 기호학적 실천으로서 바라본다. 따라서 하위문화론은 하위문화의 저항 전략에 대해 관심을 기울이고 이들 하위문화가 담보하는 정치적 활동, 지배문화에 대한 저항적 전략과 담론생산 등에 주목해왔다. 하지만 하위 문화론은 '하위(sub-)'라고 하는 접두사의 의미처럼 지배문화의 하위적인 것을 이미 전제하고 있는 듯 보이기 때문에 갖는 문제점과 한계가 존재한다. 즉, 주류문화에 종속되어 있는 대상으로서 인식되기 쉽다는 것이다(김현정・원용진, 2002, pp. 257~258).

1980년대 이후 활발히 이루어진 수용자에 대한 문화적 접근, 즉 문화연구적 수용자연구에서는 텍스트에 고정되어 있는 의미를 소극적으로 수용하는 수용자가 아닌, 텍스트로부터 적극적인 의미를 창출해내는 능동적인 모습의 수용자를 상정한다. 이 전통 내에서는 현대사회의 삶의 방식으로 정의된 '문화' 속에서 일상을 꾸려 가는 '사회적 주체'로서의 수용자에 대한 논의가 이루어지고 있다. 대중문화를 적극적으로 활용하는 수용자들의 의미생산과정이 주목받기 시작한 것이다. 이 같은 연구 전통 내에서의 팬덤 연구는 앞서 다룬 하위 문화론적 팬덤 연구와 중첩되는 부분 역시 발견된다.

피스크는 텍스트의 수용과 관련하여 수용자로서의 팬이 특정의 텍스트와 갖는 관계를 팬덤의 수용방식과 관련하여 설명하는 데 대개 미국 TV드라마 시리즈 팬덤을 주요 대상으로 삼는다. 텍스트의 비평과 해석 차원에서는 주로 팬덤 해석공동체의 선호 해독 방식, 그리고 팬덤이 구축하는 메타 텍스트가 논의된다. 해석 공동체로서의 팬 공동체 내에서 선호되는 해독 방식은 팬관심에 맞게 '공인된(legitimate)' 성격을 갖는다. 팬은 프로그램 에피소드를 관통하는 내적 일관성에 큰 관심을 가지고 있으며, 프로그램에서 일어나는 사건들과 자신의 일상 간의 강한 연관성을 습득함을 보여준다. 그리고 여기서 생길 수 있는 간극을 해결하기 위해 잠재된 요소들을 발견한다. 텍스트를 통해 이미 명시적으로 주어진 정보 이상의 것으로 구성된 메타 텍스트를 구축하는 셈이다. 비평과 해석 차원의 연구들은 팬들의 이와 같은 실천과 결과물에 관심을 가져왔다(김현정 · 원용진, 2002, pp. 259~260).

그리고 팬덤 자체의 텍스트 생산은 생산적 텍스트 혹은 텍스트의 생산성 차원에서 논의된다. 아비투스(habitus) 개념을 빌려와 팬덤의 문화자본을 논의하면서 종속적 아비투스의 특성을 보이는 팬덤은 제작자와 수용자, 제작물과 일상생활 간 거리를 줄이고 있다고 설명한다. 팬 텍스트는 팬의 가공 혹은 의미 부여에 의해 활성화되고 의미와 즐거움을 전달하는 문화적기능을 다하게 되며, 궁극적으로 팬들은 이러한 행위를 통해 그들만의 대중문화 자본을 생산해내게 된다는 것이다. 또 다른 한편으로는 상업문화로부터 재료를 취해 팬덤 공동체가 자신들의 관심에 부합하도록 생산해내는 팬 텍스트 영리를 목적으로 생산되는 주류 문화 생산물과는 대조적으로 문화의 생산 및 분배 제도를 자체적으로 가짐으로써 기존의 상업적 관행에 보다 저항적으로 작용한다(Jenkins, 1995, pp. 279~280, 김현정·원용진, 2002, p. 260, 재인용).

2. 한류 팬덤 형성의 시작, 드라마

미디어를 통해 반복적으로 보여주는 아시아에서의 한류열풍은 K-pop의 아이돌 가수들을 좋아하는 일본 여성들이 신오쿠보 공연장에서, 거리에서, 혹은 일본의 한국 음식점에서 즐거워하는 모습이 반복적으로 재현되었다. 일본과 중국 이외의 아시아 지역의 한류팬들은 공항이나 콘서트 현장에서 K-pop에 열광하는 모습 등으로 재현되면서 아시아 지역에서의 문화적 우위를 차지하고 있는 한류문화의 우월성을 보여주는 수단으로 표현되었다. 물론 미디어 재현방식의 획일화에 대한 문제점은 여전히 존재하지만, 이와 같이 한류를 아시아에서 적극적으로 소비되는 한국의 문화로 특화시키려는 노력이 가능했던 이유는 아시아에서 한류팬들이 1990년대 후반 갑작스럽게 증가했기 때문이다. 그리고 한류팬들을 불러모은 것은 드라마였다.

1997년 중국에서 〈사랑이 뭐길래〉를 시작으로 2003년 〈겨울연가〉가 일본에서 큰 인기를 끌면서 본격적인 한류문화가 형성되기 이른다. 드라마는 여성 수용자들을 중심으로 인기를 끌었으며, 일본, 중국, 대만, 태국 등으로 확장되면서 아시아 지역에서의 한류팬덤을 형성하기에 이른다. 그리고 현재는 드라마 장르뿐만 아니라 K-pop이 인기를 끌면서 팬층의 구성은 더욱 폭넓어지게 된다. 연령대가 다양해졌고, 수용자들의 참여방식도 다양해졌기 때문이다. 현재 한류 소비층 연령대는 중장년층에서 전 연령층으로, 성별로는 여성 중심에서 남성까지 확대됨에 따라 현지 한류관련 자생적 커뮤니티는 약 340만으로 추정되고 있다.

중국의 경우 한류 콘텐츠 수출은 2008년 K-pop이 인기를 끌기 시작하면서 2010년 사이 35%의 증가추세를 나타내었다. 일본은 2008년 4억 달러에서 2010년 7억 5천만 달러로 증가하였다. 중국은 2002년 '수입 드라마입안 강화에 따른 국가광전총국의 통지', 2004년 '해외 TV 프로그램 수입 및 방송관리 규정', 2012년 '경외드라마 수입 및방송관리 강화에 대한 통지' 등 일련의 외산 방송국콘텐츠 및 방송규제조치와 손질관리 등 방송규제조치와 자국문화보호 정책 중에 있다. 그럼에도 불구하고 국내 방송콘텐츠가 증가하는 것은 중국 내 한류팬층이 두텁게 형성되어 있기 때문일 것이다(한국문화산업교류재단, 2012).

일본의 경우 방송콘텐츠 수출규모 증가뿐만 아니라 다양한 시도들이 이루어지고 있는데, 대표적인 사례가 한ㆍ일 양국 간 콜라보레이션을 통한 드라마 제작이다. 드라마 〈아이리스〉의 경우 배우와 제작진이 모두 한국인이지만, 기획단계에서부터 일본의 TBS가 참가하는 등 한국과 일본이 상호협력한 사례이다(한국콘텐츠진흥원, 2012). 그 외 베트남, 태국, 필리핀, 싱가포르 등 아시아에서의 한류의 인기는 여전히 상승세다. 따라서 초기 중국과 일본에 집중되었던 문화 교류방식은 태국, 필리핀, 베트남 등으로 확대되었고, 글로벌 문화를 꿈꾸는 K-pop은 아시아뿐만 아니라 유럽이나 미주로 눈을 돌리면서 세계 각국에 있는 한국문화원 등을 통해 각 국가에서 형성되어온 한류 커뮤니티와 접촉하기 위해 꾸준한 노력을 하고 있다. 아시아 이외의 지역에서 한류 팬덤은 한류 콘텐츠 관련 정보를 꾸준히 제공하는 인터넷 사이트(soompi), 동영상 유료 사이트(Hulu, Viki, Netflix), 페이스 북, 유튜브 등의 소셜 미디어 채널을 통해서 확인할 수 있다.

3. K-pop을 통한 글로벌 팬덤 형성

한국 드라마에 대한 관심과 인기가 자연발생적이었다면, K-pop의 성공은 한국과 일본의 음반 시장 및 매니지먼트 방식의 특징에서 기인한다고 분석된다. 도제식 교육과 주입식 교육을 결합한, 일명 '한국형 매니지먼트 시스템'에 의해 아이돌 그룹이 기획되고 육성되고 있기 때문이다(이문행, 2011). 과거 아시아 문화의 상징이었던 일본 대중문화가 그 위치를 한류에 내어주면서 원인분석에 대한 논의와 함께 현재의 한류 인기를 유지하기 위한 한류문화생산 주체들의 다각적인 노력이 이루어지고 있다. 일례로 일본의 아이돌 그룹이 아마추어 이미지를 내세우며 무대 위에서 성장하는 컨셉이라면 한국의 아이돌 그룹은 장기간의 고강도 훈련을 거쳐 댄스와 보컬, 세련된 용모와 무대 매너, 유창한 인터뷰 실력을 모두 갖춘 프로페셔널 이미지로 어필한다는 차이가 있다(정수영, 2011).

현재 K-pop팬덤이 형성될 수 있는 이유를 정리해보자면 한국형 매니지먼트 시스템에 의해 육성된 아이돌 그룹의 프로페셔널한 퍼포먼스, 소셜 미디어 등을 통한 전 지구적 소비 가능 환경, 그리고 복합적 문화소비 환경에 익숙한 수용자들이 존재하기 때문일 것이다. 다양한 국가에서의 팬덤 문화가 형성될 수 있는 중요한 기반 중 하나가 소셜 미디어이며, 이를 통해 형성되는 팬덤이 미치는 영향력은 매우 크다. 미디어 기업이나 문화산업 관련 주체들이 전략적으로 기획한 프로젝트에 수용자들이 참여하는 방식과 함께 수용자들의 적극적 문화생산 활동을 참고하여 수용자들의 관심을 끌기 위한 노력들도 같이 나타나고 있기 때문이다. 실제로 유튜브, 페이스북 등 소셜 미디어를 통해 한류 팬들이 활발하게 교류하는 것을 참고하여 페이스북은 'K팝 on 페이스북(http://www.facebook.com/kpopmusic)' 페이지를 구축하였다. '소녀시대'와 '빅뱅' 등 이미 페이스북을 활발하게 활용하고 있는 K팝 스타들의 뉴스와 콘텐츠를 한국어는 물론 영문으로 업데이트한다. 실제로 'K팝 on 페이스북'은 미국 캘리포니아 로스앤젤레스에서 2012년 5월 20일 저녁 7시에 개최된 SM타운 콘서트를 생중계하기도 하였다.[2]

피에르 레비(Pierre Levy)는 인터넷을 통해 이용자들은 공유된 목적과 목표를 위해 그들의 개인적 전문성을 활용하는 것에 주목했다. 그는 이를 '집단지성(collective intelligence)'이라고 하였는데, 각 구성원들의 전문성을 활용하는 가상커뮤니티를 일컫는 말로 사용했다. 이용자들은 그들의 관심사에 따라 한 집단에서 다른 집단으로 이동할 수도 있고, 또한 동시에 한 개 이상의 커뮤니티에 소속될 수도 있음을 설명한다. 우리는 이미 이러한 집단지성을 적극적으로 활용하는 거대한 커뮤니티의 구성원이자 이용자이다. '위키피디아(Wikipedia)'는 이러한 집단지성의 대표적 사례이다. "모든 것을 아는 사람은 없다. 모든 사람은 무언가를 알고 있다"는 말과 같이 위키피디아는 온라인 사

---

2) "구글에 페북까지…K팝에 빠진 글로벌 IT공룡 K팝 소식 한영 업데이트, 21일 SM타운 LA 콘서트 중계도", 머니투데이, 2012.5.21.

용자라면 누구나 자유롭게 참여, 지식을 공유해 만들어나가는 일종의 '백과사전'이다.

이용자들의 자발적 참여는 정보 공유 문화를 형성하는 데 큰 역할을 하였으며, 이러한 경향은 팬덤에 있어서도 중요한 역할을 한다. 앞서 살펴보았지만, 인터넷 공간에서 K-pop 관련 팬들의 자발적 정보생산과 공유는 소셜 네트워킹 서비스의 대표격인 페이스북에 정보를 공유할 수 있는 공식적 사이트를 구축하게 만든 것이 그렇다. 프랑스 등 유럽에서의 한류팬들의 플래시 몹이 알고 보니 소수의 팬들이 참여한 행사였다고는 하나, 그 행사를 진행했다는 것만으로도 큰 의미를 가진다. 플래시 몹을 촬영한 영상이 인터넷 공간에서 한류팬들 간 공유되는 것만으로도 또 다른 '문화 참여'를 이끌어낼 수 있는 중요한 기반이 될 수 있기 때문이다.

유튜브에 영상을 보고 반응을 나타내는 자신을 촬영한 영상을 업로드하고 공유하는 행동이나, 자신이 관심 있는 영상에 대한 자막을 자발적으로 올리고 네트워크를 통해 공유하는 '팬자막 행위'도 적극적 팬덤 활동 중 하나다. 과거에는 인터넷 커뮤니티를 통해 회원들에게만 공유되었던 여러 가지 팬덤 활동들은 이제 소셜 미디어를 통해 더 넓은 범위의 인적 네트워크를 구성하고 자료들을 공유하는 행동을 나타낸다.

현재 한류 팬들의 생산적이고 적극적인 활동은 무수히 많다. 자신이 좋아하는 스타의 이름으로 기부를 하거나, 부당한 계약조건이나 활동을 적극적으로 알리기도 하고,[3] 콘서트에 참여함으로써 글로벌 팬덤의 활동 모습을 미디어를 통해 보여주기도 한다.

---

3) 국내 대표적 연예기획사 SM의 그룹 동방신기와 이 그룹에서 탈퇴한 JYJ간의 계약 분쟁이 가장 대표적이라고 할 수 있다.

이와 더불어 최근 크게 히트를 친 '강남 스타일'이 그 어떤 K-pop보다 큰 주목을 받은 이유를 살펴봐야 할 것이다. 그 동안 싸이 현상에 대해 많은 논의들이 있었으나 가장 공통적 특징은 유튜브이다. 최근 AGB 닐슨 미디어 리서치가 발표한 'Music 360' 보고서에 따르면 미국 10대가 음악을 듣는 경로는 유튜브, 라디오, 아이튠즈, CD순이었다. 유튜브는 2011년 Mnet 뮤직 어워드 MAMA를 생중계했으며, 2012년 10월 4일 싸이의 광화문 공연 역시 생중계했다. 유튜브에서는 K-pop 팬덤이 높은 충성도와 응집력이 있음을 높게 평가하고 있다. 구글 코리아가 밝힌, 유튜브에서의 한국 3대 콘텐츠 파트너사 SM 엔터테인먼트, YG엔터테인먼트, JYP엔터테인먼트의 유튜브 동영상 조회수는 각각 3억 5700만, 3억 4800만, 1억 7100만에 이른다. 3사를 합친 조회수는 약 7억 9300만 회로, 동영상이 평균 3~4분이라는 점을 감안하면 엄청난 수치라는 것을 알 수 있다.[4] 또한 유튜브에서 싸이의 '강남스타일' 뮤직비디오 조회수는 2012년 12월 23일 10억 뷰를 넘어섰다.[5] 2012년 하반기 선보인 하나의 영상이 단 몇 달 만에 10억 뷰 이상의 조회수를 기록했다는 것은 매우 놀라운 일이다. 우선 유튜브를 통해 K-pop이 크게 주목받을 수 있었던 점은 유튜브를 통해 적극적으로 뮤직비디오 등을 홍보한 것과 더불어 각 연예기획사의 소속 가수들의 팬들의 활동이 크게 작용한 것으로 평가된다. 3대 기획사의 유튜브 조회수는 국내보다는 해외의 조회수가 높은 비중을 차지하는 것으로 나타났다. SM의 경우 국내 조회수는 2400만 회 가량으로 전체 조회수의 7% 정도이고, 나머지 90% 이상의 조회수는 해외에서 발생한다는 것이다. YG와 JYP

4) "한류, 유튜브 실려 남미까지, 훗훗훗", 시사인, 2011.3.9. www.sisainlive.com

5) "유튜브, '싸이 조회수 10억 건', 전무후무한 일", 스포츠 동아, 2012.12.24. www.sports.donga.com

도 비슷한 경향을 나타냈다.[6]

　그리고 이 유튜브 영상의 조회수에는 여러 가지 함축적 의미를 내포한다. 영상을 본 이용자들은 관련 영상들을 찾아보기도 하고, 자신과 비슷한 관심사를 가지고 있는 다른 이용자들과 정보를 공유하는 등 다양한 잠재력을 가진 이용자들이 활동하고 있음을 알 수 있는 데이터이기 때문이다.

　앞서 잠깐 언급했듯이, SM의 그룹 동방신기에서 탈퇴한 멤버들로 구성된 그룹인 JYJ는 오랜시간 SM과의 법적 분쟁을 해왔다. 이 문제는 인기 아이돌 그룹의 '노예계약' 문제에 주목하게 만든 사건으로 3년 4개월 동안 지속된 전속계약분쟁이 상호제반 활동을 간섭하지 않는다는 것으로 정리되었다. 이 법적 분쟁이 결론이 나기 전까지 JYJ팬들은 자신이 지지하는 엔터테이너들을 위한 활동을 꾸준히 해왔다. 또한 2012년 가수 싸이의 미국 록펠러센터 공연이 성사되는 데에는 팬덤의 힘이 컸다. NBC 〈TODAY〉방송에서는 인기가수를 초청, 뉴욕 록펠러센터에서 생방송 공연을 진행한다. 여기에 가수 싸이가 초대되었는데, 이 생방송 공연의 무대설치는 인기가수들에게만 허용되는 것이었다. 미국에 처음 진출한 싸이의 경우 유튜브 등의 온라인에서의 인기는 확인되었으나 미국 내에서의 인지도는 아직 명확하지 않은 상황이었다. 이를 우려한 가수 싸이와 같은 소속사 가수들은 공연 전에 트위터에 이와 같은 상황을 글로 올렸다. 그리고 트위터 내용을 확인한 팬들은 NBC 홈페이지에 글을 올리고, 방송사에 직접 전화를 거는 등의 적극적 행동으로 NBC 방송사가 싸이의 인지도를 확인할 수 있는 근거를 제공하였고, 공연 당일 록펠러센터 앞에는 공연을 위한 무대가 설치되었다.

　하지만 국내 한류콘텐츠 생산 주체들이 한류팬들을 상업적 시각에서 활용

---

6) "유튜브는 어떻게 한류를 실어 날랐나?", 시사인, 2011.3.10. poisontongue.sisain.co.kr.

함에 따라 부정적인 현상도 목격되었다. 일례로 '코리안커넥션'은 프랑스에서 자발적으로 형성된 한류 커뮤니티로 국내에서는 유럽의 한류 확산 가능성을 논의할 때 자주 언급되던 커뮤니티였다. 이 커뮤니티가 국내에 알려진 후, 학술논문, 신문기사, 국내 기업체 등도 이 프랑스의 한류 커뮤니티를 적극적으로 활용하였다. 하지만 최근 이 커뮤니티 주요 임원들이 한류팬들을 대상으로 한국관광상품을 판매하고 잠적해 금적적 손해를 본 회원들이 늘어나자 사회적으로 문제가 확대되었고, 결국 이 커뮤니티는 해체되었다. 앞서 논의되었듯이, 팬덤은 자발적인 수용자들의 문화 활동이며, 종속적 위치에 속한 사람들이 형성하는 또 다른 문화자본이다. 그러나 상업적 논리에 잘못 활용될 경우 이와 같은 사례들이 또 다시 등장할 수 있다.

K-pop의 성공이 한국과 일본의 음반 시장 및 매니지먼트 방식의 특징에서 기인한다고 분석되었던 것처럼, 자본의 논리에 기반한 상업적 논리가 강한 K-pop의 특성은 언제든지 수용자들의 외면을 받게 될 수도 있다. 문화가 자본의 논리만으로 형성될 수 없는 것처럼 한류문화도 상업적이고 획일화된 방식만으로 진행될 경우 언제 '거품론'이 다시 고개를 들지는 알 수 없다.

참고문헌

강상현(2011). 「한국사회의 디지털 미디어 기술과 사회변동」. 한국언론학회, 2011.7.,
pp. 5~52.

김수정(2012). 「동남아에서의 한류의 특성과 문화취향의 초국가적 흐름」. 『방송과 커
뮤니케이션』, 13(1), pp. 5~53.

김영찬(2011). 「1970년대 텔레비전 외화 시리즈 수용 연구: 자기 민속지학과 구술사
방법론을 중심으로」. 『한국언론학보』. 제55권 6호, pp. 5~29.

마셜 맥클루언 지음, W. 테런스 고든 편집, 김상호 옮김(2011). 『미디어의 이해』. 커
뮤니케이션북스.

박명진 외 편역(1996). 『문화·일상·대중: 문화에 관한 8개의 탐구』. 한나래.

방송통신위원회(2011). 「2011년 방송산업실태조사 보고서」.

설진아(2009). 「소셜 미디어의 진화양상과 사회적 영향」. 한국언론정보학회 가을철
학술대회 발표문, pp. 35~57.

_____(2010). 「글로벌 미디어와 방송콘텐츠 해외 진출방향: 지역화 vs 세계화」. 방송
통신글로벌리더십확보를위한정책방향방송통신3학회공동심포지엄, 한국방송
학회, pp. 27~51.

신현준(2005). 「K-pop의 문화정치(학): 월경(越境)하는 대중음악에 관한 하나의 사례
연구」. 언론과 사회. 여름호 제13권 3호, pp. 7~38.

심두보(2012). 「다양한 외래문화를 선택적으로 수용할 뿐」. 『신문과 방송』. 2012.6.

원용진·김지만(2011). 「연성국가주의에 편승한 연예기획사와 한류의 미래」, 한류
2.0시대의 진단과 분석」. 『한국언론학회 세미나 발표문』, pp. 27~51.

이기형(2004). 「미디어 역사에서의 구성주의적 접근과 초기 텔레비전: 나치 TV를 중
심으로」, 『언론과 사회』 12권 1호, pp. 56~91.

_____(2005). 「탈지역적으로 수용되는 대중문화의 부상과 '한류현상'을 둘러싼 문화
정치」. 언론과 사회, 2005년 봄 13권 2호, pp. 189~213.

이동연(2002). 『대중문화연구와 문화비평』. 문화과학사.

이동후(2006). 「인터넷의 공간과 시간: 미디어 생태학적 접근을 중심으로」. 『커뮤니케이션이론』, 여름 2권-1호, pp. 1~34.

이동후 · 유지연 · 황주성(2005). 「휴대전화와 시공간 경험의 재구성」. 『한국방송학보』 19-2호, 여름호, pp. 337~377.

이문행(2011). 「국내 연예매니지먼트 회사의 아이돌 스타 육성의 전략에 관한 연구」, 『한류 2.0시대의 진단과 분석』, 한국언론학회 세미나, pp. 3~25.

이진경(2010). 『근대적 시공간의 탄생』. 그린비.

임종수(2010). 「수용자의 탄생과 경험」. 『언론정보연구』. 47권 1호, 서울대학교 언론정보연구소, pp. 77~120.

윤태진 · 이상길(2005). 「IT문화콘텐츠의 내용과 형식의 변화-음성, 문자, 영상언어를 중심으로」. 21세기 한국 메가트렌드 시리즈 II. 05-25, 정보통신정책연구원.

임종수(2003). 「텔레비전 안방문화와 근대적 가정에서 생활하기-공유와 차이」, 『언론과 사회』, 12권 1호, pp. 92~135.

정근식(2002). 「근대적 시공간체제와 사회이론」. 『민족문화논총』 26권, 영남대학교 민족문화연구소, pp. 159~185.

정수영(2011). 「일본 내 한류 지형의 탐색 및 한류 수용자의 문화적 실천에 관한 연구: 한류 전문가와 시민 그룹 KAJA의 심층 인터뷰를 중심으로」. 『미디어, 젠더&문화』, 20호, pp. 208~248.

정용인(2009). "유명인사들 끄는 트위터의 은밀한 매력", 2009.8.25. 위클리 경향. 839호.

조영한(2011). 「아시아 한류 속에 동아시아 찾기」. 한국언론학회 2011 봄철 정기학술대회 발표문.

최세경 · 박상호(2010). 「멀티 콘텐츠 포맷의 개발과 텔레비전 적용: 상호작용성의 구현과 재목적화」. 『방송과 커뮤니케이션』. 제11권 1호.

최민재 · 양승찬(2009). 「인터넷 소셜 미디어와 저널리즘」. 2009-1, 한국언론재단.

하종원 · 양은경(2002). 「동아시아 텔레비전의 지역화와 한류」. 『방송연구』. pp. 67~103.

한국문화콘텐츠진흥원(2007). 「글로벌 음악시장 지형도 작성 및 한국 음악의 해외진출활성화 방안 연구」.

Liebes, Tamar & Elihu Katz(1993). *The Export of Meaning: Cross-cultural readings of Dallas*. Combridge, UK: Polity Press.

Hall, S.(1995). New cultures for old, in D. Massey and P. Jess(eds.) *A Place in the World? Places, Cultures and Globalization*, Milton Keynes, The Open University and Oxford: Oxford University Press.

Hartmann, F.(2000). *Medienphilsophie*, 이상엽 · 강웅경 역(2008). 『미디어 철학』, 북 코리아.

John Fiske(1992). The Cultural Economy of Fandom. Lisa A. Lewis(eds)(1992). *The Adoring Audience: Fan Culture and Popular Media*. Routledge.

Postman, N.(2000). *The Humanism of media ecology*. Proceeding of the Media Ecology Association Ⅰ, 10-16, 2006. 4. 27.

Thussu, Daya(2000). *International communication: Continuity and charge*. London: Arnold.

신문기사

"사용자 5억 명 돌파, 트위터.... 가장 활발한 곳은?", 2012.07.31. 머니투데이.

"소통의 시대에서 경청의 시대로", 이코노믹리뷰. 2012.8.20.

4장

한류문화에 반영된 국내 생산자·소비자 시선의 변화

현재 한류 문화의 붐은 K-pop이 주요 축을 구성하고 있지만, 의류, 음식, 관광, 화장품 등 다양한 분야로 확장되고 있다. 실제로 최근 몇 년 사이 형성된 한류 담론을 살펴보면 '금융 한류', '관광 한류', '의료 한류' 등 미디어 콘텐츠 이외의 분야에서 한류와 연관된 정보가 눈에 띄게 증가하고 있다. 한류 스타가 글로벌 팬덤을 갖게 되면서 한류와 관련된 다양한 분야로 그 관심이 자연스럽게 확장되었고, 이에 해당되는 각 분야의 생산주체들의 해외 시장에서도 수익을 얻기 위한 노력이 함께 이루어지면서 나타난 결과일 것이다.

여기서 한가지 주목해야 하는 점은 아시아에서 혹은 서구사회에서 수용가능한 현재 한류문화가 형성될 수 있었던 것은 국내 대중문화 생산자와 소비자의 시선의 변화도 한 몫을 했다는 점이다. 한국의 시청자들 역시 글로벌한 미디어 콘텐츠 교류 환경에 놓이면서 단순히 해외 프로그램을 시청하는 것에서 벗어나 능동적 참여와 다양한 층위의 문화 실천이 가능해졌기 때문이다. 그리고 이러한 국내 수용자의 기호에 부응하려는 콘텐츠 제작주체들의 생산활동이 맞물려지면서 지금의 한류 콘텐츠가 생산된 것이다.

이뿐만 아니라 국내 시청자들이 기대하는 미디어 콘텐츠에 대한 시선은 해외 콘텐츠를 쉽게 선택해서 볼 수 있었던 국내 미디어 시청 환경도 큰 몫을 했다고 볼 수 있다. 현재 진행형인 전 지구적 미디어 문화교류는 해외의 완성된 프로그램을 수입해서 방송했던 과정에서 더 나아가 전 세계적으로 인기 있는 프로그램 포맷을 수입해 방송을 재제작하거나 혹은 비슷한 형식의 프로그램 개발 등이 이루어지면서 프로그램 내용과 형식의 혼성화가 이루어졌기 때문이다.

이와 같은 혼성화를 확인할 수 있는 가장 대표적 장르가 바로 '리얼리티' 프로그램이다. 기존에는 미국이나 영국 중심의 '리얼리티' 프로그램의 수입만 했었지만, 채널경쟁의 가속화와 함께, 시청자들의 눈높이에 맞는 프로그램 제작을 위해 국내에서 이와 유사한 형식의 프로그램을 개발하기 시작하였다. 이후 국내에서 제작한 '리얼리티' 프로그램은 국내뿐만 아니라 해외에서도 큰 관심을 끄는 데 성공했다. 이는 곧 프로그램 해외 수출로 이어졌는데, 리얼리티 형식을 차용해 국내에서 자체적으로 제작한 프로그램의 포맷을 수출하는 사례도 등장했다. 일례로 프로그램 포맷의 경우 KBS 퀴즈 프로그램 〈도전 골든벨〉이 베트남으로, MBC의 〈나는 가수다〉는 중국에 수출되었으며, MBC의 〈우리 결혼했어요〉는 전 세계판 제작을 논의 중이다.[1] 이와 같이 현재의 글로벌한 미디어 문화교류 환경은 국내 방송 프로그램의 제작 방식, 내용구성 등의 변화를 가져왔고, 한류 붐으로 인해 국내에서뿐만 아니라 해외에서도 큰 인기를 끄는 효과를 가져왔다.

해외 프로그램의 유입으로 나타난 또 하나의 변화는 국내 프로그램 출연자들의 다인종 · 다국적화를 가져왔다는 것이다. 몇 년 전부터 큰 인기를 끌어

---

1) 연합뉴스, "〈희망 2013〉 4. 한류를 계속된다", 2012.12.27.

어온 '오디션 프로그램'에는 국내 지원자들뿐만 아니라 해외 지원자들도 점차 늘어나기 시작했기 때문이다. K-pop의 인기로 가수를 선발하는 오디션 프로그램이 특히 주목을 받게 되었고, 이후 제작되는 프로그램 수의 증가뿐만 아니라 외국에 거주하는 지원자들의 수도 눈에 띄게 증가하였다. 따라서 현재 Mnet의 〈슈퍼스타 K〉를 시작으로 MBC의 〈위대한 탄생〉, SBS 〈K-pop Star〉 등 가수를 선발하는 오디션 프로그램이 큰 인기를 끌고 있으며, 다양한 국적을 지닌 지원자들이 꾸준히 등장하고 있다.

이와 같이 그 어떤 분야보다 파급력이 크고 트렌디한 것이 바로 미디어 콘텐츠이다. 그리고 미디어 콘텐츠를 적극적으로 소비하고 참여하는 수용자의 반응이 결합되어 나타나는 것이 바로 대중문화이기도 하다. 따라서 본 장에서는 현재 한류 붐 형성의 기반이 되는 방송 콘텐츠의 지형변화를 살펴보고 미디어에서 재현되는 초국적·혼종적 특징 등을 정리하고자 한다.

1. 국내 방송시장의 해외 콘텐츠 포맷 수입 증가

글로벌한 미디어 문화교류 환경이 보편화됨에 따라 국내 방송환경 역시 빠르게 변화하고 있는데, 이를 반증하는 사례가 해외 방송사의 프로그램 포맷을 수입해 국내에서 제작한 프로그램을 쉽게 볼 수 있다는 점이다.

KBS에서 방송되는 퀴즈 쇼 〈1대 100〉은 엔데몰(Endemol)의 프로그램의 구성만 구입한 경우로 초기 프로그램 포맷 수입의 대표적인 사례이다. 물론 tvN의 〈Yes or No〉가 엔데몰(Endemol)사의 〈Deal or No Deal〉의 포맷 전체를 수입해 방송을 한 사례가 있지만, 1년 이상을 방송되지 못하고 종영되었다.[2] 방송 당시 높은 상금이 걸려있는 버라이어티 형식의 퀴즈쇼가 시청자들에게 익숙하지 않았던 것이 실패의 가장 큰 원인이었을 것이다. 이에 비해 KBS의 〈1대 100〉은 2007년 5월 1일 첫 방송을 시작으로 현재까지 꾸준히 방송되고 있다. 〈1대 100〉은 프로그램 타이틀과 진행방식의 노하우만 수입했기 때문에 국내 시청자들과 소통가능한 프로그램 내용 구성이 가능했다. 이 외에도 MBC 〈댄싱 위드 더 스타(Dancing with the Star)〉[3]는 2004년부터 영국 BBC에서 방영된 프로그램의 포맷을 수입한 경우다.

케이블의 경우에 지상파 방송사에 비해 더 많은 포맷이 수입되어 방송되고 있는데, tvN 〈세러데이 나잇 라이브 코리아(Saturday Night Live Korea)〉는 미국 NBC 〈세러데이 나잇 라이브 (Saturday Night Live)〉의 포맷을, 온스타일의 〈도전 슈퍼 모델 코리아〉는 미국 CWTV의 〈아메리카스 넥스트 탑 모델(America's Next Top Model)〉을, XTM의 〈탑 기어 코리아(Top Gear Korea)〉는 영국의 BBC 〈탑 기어(Top Gear)〉를, tvN 〈코리아 갓 탤런트 (Korea's Got Talent)〉는 미국 NBC의 〈아메리카스 갓 탤런트(America's Got Talent)〉를, Mnet 〈더 보이스 코리아(The Voice Korea)〉는 미국 NBC의 〈더 보이스(The Voice)〉의 포맷을 수입해 제작, 방송한 프로그램이다. 해가 거듭될수록 국내 방송시장의 프로그램 포맷 수입은 점차 늘어나고 있다.

---

2) tvN의 〈Yes or No〉는 수입한 포맷의 원제목이 〈Deal or No Deal〉이지만 사행성을 조장한다는 이유로 제목 변경을 권유받아 〈Yes or No〉로 프로그램 타이틀이 바뀌었다. 방송기간도 2006년 10월 9일 첫 방송을 하였고 2007년 7월 7일 종영하였다. 최초로 포맷 바이블 전체를 구입해 이에 기반을 두어 프로그램을 제작한 프로그램으로, 최종 1인자에게 주어지는 상금은 1억이었다. 2006년 방송당시 1억이라는 금액은 파격적인 상금이었다.

3) 〈댄싱 위드 더 스타〉는 BBC월드와이드에 의해 전 세계 35개국 이상에 판매된 댄싱 배틀 포맷이다.

프로그램 포맷은 완제품의 수출입 시장에서는 비중이 적은 편이지만, 완제품뿐만 아니라 각 단계별로 세분화된 프로그램 포맷을 해외에 수출할 수 있기 때문에 큰 수익을 얻을 수 있다. 이러한 수익발생구조는 장기적으로 봤을 때 완제품의 수출로 인해 발생하는 수익보다 더 많은 수익을 얻을 수 있기 때문에 새로운 콘텐츠 시장으로 부상하고 있다. 또한 경제적 수익뿐만 아니라 방송문화적 측면에서도 포맷은 글로벌문화와 로컬 문화의 결합 과정을 가장 상징적으로 보여주는 미디어 상품이기도 하다.

프로그램 포맷 교역은 현재의 미디어 환경에서 진행되고 있는 미디어 상품의 새로운 국제 유통방식이며, 포맷 프로그램을 제작하고 소비하는 과정에서 나타나는 문화교류와 문화소비 패턴의 새로운 의미를 제시하는 영역이다. 물론 포맷 산업이 주로 서구 선진국에서 제작되고 전 지구적 표준을 유지하면서 세계 미디어 시장을 통해 교역되기 때문에 보다 고도화된 전략에 기반한 서구문화 유통의 방식이라는 비판도 없지 않다. 하지만 프로그램 포맷을 기반으로 포맷 수입국에서 만들어지는 프로그램은 지역의 방송사와 연출자, 수용자, 광고주, 국가 등 다양한 사회적 주체들의 요구에 따라 현지화되는 과정이 존재하기 때문에 문화제국주의적 시각과의 차별성을 지닌다. 지금의 글로벌 문화와 지역 문화가 절합되는 과정에서 나타나는 문화적 혼종성은 보다 보편적이고 일상적으로 경험할 수 있는 상황이 되었기 때문이다.

1) 프로그램 포맷의 의미

서구 사회에서 먼저 시작된 '포맷거래'는 아시아 방송환경에서 익숙한 개념은 아니었다. 오랫동안 프로그램 수출입은 완제품 중심으로 이루어졌기 때문에, 프로그램 제작 아이디어부터 제작 노하우, 방송 이후의 단계까지 세분화된 관련 정보 거래를 의미하는 포맷은 새로운 방송시장 영역이다.

그러나 〈누가 백만장자가 되고 싶은가?(Who wants to be a Millionaire?)〉가 전 세계적으로 인기를 끌면서 아시아에서도 전 지구적 포맷 산업의 직·간접적인 영향을 받게 되었다. 아시아 지역에서는 2000년대 초반부터 포맷 관련 거래가 이루어지기 시작했는데, 〈누가 백만장자가 되고 싶은가?(Who wants to be a Millionaire?)〉가 2001년 싱가포르에서 처음 방송이 된 이후, 2001년에는 홍콩에 광둥어로 방송되었고, 뒤를 이어 인도, 필리핀, 인도네시아 등지에서 자국의 버전으로 방송되었다. 중국의 CCTV도 비공식적이지만 유사한 방식으로 〈개심자전(開心字典)〉이라는 프로그램을 만들었다(Moran & Keane, 2004). 〈더 위키스트 링크(The Weakest Link)〉도 타이완이나 일본에서 각색되었고, 〈서바이버(Survivor)〉는 2002년도에 일본 TBS에서 재제작 되었고, 중국에서는 〈샹그릴라로(Into Shangrila)〉라는 프로그램으로 각색되었다. 공식적 그리고 비공식적 포맷 수입이 이루어지면서 기존의 완성된 프로그램 수입을 대체해가기 시작했고, 중국이나 인도에서는 히트한 포맷에 대한 '복제의 복제'도 이루어졌다(Kumar, 2004; 이동후 외, 2008, p. 11).

2000년대 초반부터 나타난 아시아 지역에서의 움직임에 비해 국내의 경우 2000년대 중반부터 포맷 관련 거래가 이루어지기 시작하였다.

'포맷(format)'이라는 용어의 기원은 인쇄산업에서 찾을 수 있는데, 이때 포맷은 어떤 페이지 사이즈를 표현하는 것이었다. 포맷은 컴퓨터나 책과 관련하여 '정보가 조직화되어 있는 형식이나 순서'라는 의미로 사용되어왔다 (Oxford Dictionary, 2005). 이후 라디오 그리고 텔레비전에 개념이 적용되면서 연속물 프로그램의 제작 원리와 제작관련 정보를 의미하는 용어로 정의되고 있다.

포맷은 새로운 프로그램의 토대가 되는 정보의 집합체라고 할 수 있는데, 차별적인 특징을 보이는 일련의 에피소드들을 담고 있는 프로그램의 기본이 되는 틀로 설명된다. 따라서 어떤 관점에서 보면 텔레비전 포맷은 일정하지 않은 에피소드들이 생산되는 일정한 프로그램 요소들의 집합이자 각각의 개별 에피소드들을 조직화하는 수단으로도 볼 수 있다.

세계 방송시장에서 포맷은 단일한 대상으로 거론되지만 그것은 사실 일반적으로 중복적이면서 독립적인 일련의 형식들을 통해서 표명되는 복합체이다. 현재 포맷이 의미하는 프로그램 제작관련 범주를 정리한 모란과 킨 (Moran & Keane)의 분류를 제시하면 다음과 같다.

첫째, 가장 기본적으로 프로그램의 주요 구성성분들 그리고 그 성분들의 결합방식에 대한 요약문인 서면포맷(paper format)이 있다. 둘째, 작게는 제작노트에서부터 수백 페이지에 달하는 광대한 세부 내용을 담은 문서로서 서류 형식으로 정리한 전체 세부사항과 가이드 내용을 담은 인쇄 형태의 정보로 그림, 그래픽, 스튜디오 플랜, 사진 등을 포함하는 바이블(bible)형식의 포맷이다. 셋째, 포맷을 수출한 지역의 현지 제작 과정에서 도출된 스케줄, 타깃 시청자, 시청률, 그리고 시청자관련 인구통계 자료 등에 관한 인쇄 정보 패키지도 포함하는 것을 의미한다. 넷째, 프로그램 제작에 대한 정보뿐만 아니라 실제로는 방송되지 않은 이전의 프로그램 버전, 삽입 영화 필름, 컴퓨터 소프트

웨어와 컴퓨터 그래픽 등이 포함된 것을 의미한다. 다섯째, 포맷은 그 포맷을 소유하고 있는 회사가 새로운 제작자들에게 제공하는 상담 서비스처럼 실제 사람을 수단으로 하는 마케팅까지 포함하는 것을 의미한다(앨버트 모란 · 마이클 킨 저, 황인성 옮김, 2005, pp. 7~8).

이와 같이 TV 프로그램 포맷은 아이디어에서부터 제작과정, 그리고 이후의 유통단계까지 폭넓은 과정들을 포함하는 개념이다. 포맷이 산업화되고 비즈니스 모델로서의 가치를 가지게 된 데에는 이러한 요소들이 포함되어 있기 때문이라고 할 수 있다(홍순철 외, 2008, p. 3).

하지만 기본적으로는 프로그램 제작노하우에서부터 해외에 수출한 포맷의 제작과정과 시청률 정보 등 현지화 전략에 대한 모든 정보까지 계속적으로 수집해 정보를 축적하는 프로그램 포맷을 어떻게 바라볼 것인가에 대한 논의는 꾸준히 제기되어 왔다. 서구 선진국의 문화가 완제품에 비해 더욱 전략적으로 수입국에 유입되는 것이라고 비판하는 시각도 있으며, 또 한편으로는 수입한 포맷에 각 지역의 문화가 결합되면서 나타나는 문화의 '혼종적' 문화생산과정을 의미있게 해석하려는 시각도 존재한다. 프로그램 포맷을 혼종성의 개념으로 설명하려는 시도는 글로벌 텔레비전의 등장과 미디어의 세계화 속에서 문화의 국제적 흐름을 어떻게 볼 것인가에 대한 고민과 관련되어 있다. 국제 교역을 통해 유입된 포맷이 지역의 역사적 경험과 사회적 환경, 문화적 가치와 융합하면서 지역 특성을 담아내는 현상은 미국 등 서구 선진국의 미디어 산물이 지역의 문화를 말살하고 동질화를 이룰 것이라는 기존의 논의에 의문을 던지게 만들었으며 지역 지식을 전략적으로 사용한 포맷 교역 프로그램에서 드러나는 혼종적 특성, 즉 세계적인 것과 지역적인 것의 접합에 주목하게 만들었다(앨버트 모란 & 마이클 킨 저, 위의 책, 2005).

포맷 유통이 전 세계적으로 확산되고 있는 이유는 디지털 기술 발전에 따른 텔레비전 산업의 변화, 치열해진 매체 경쟁, 지역 문화에 대한 요구라는 다양한 차원에서 분석되고 있다. 방송산업의 변화라는 점에서 보면, 민영화와 급격한 디지털 기술의 발전에 따른 다채널·다매체 환경 때문에 방송 프로그램 수요가 급팽창했다는 점을 꼽을 수 있다(박선이·유세경, 2009, pp. 192~194). 또한 민영화로 생겨난 상업 채널들과 케이블 텔레비전, 위성텔레비전, 인터넷, 휴대폰 등 다매체 환경에서 시청자 확보 경쟁이 어느 때 보다 치열해졌기 때문이다. 따라서 방송사에서는 일정한 상업적 성과가 보장되는 포맷 프로그램을 선택함으로서 경제적 수익률을 높이고 리스크를 줄일 수 있다는 현실적 방송사의 고려가 방송시장에 반영되는 것이다.

2) 프로그램 포맷 수입 현황과 국내 방송시장의 변화

세계적인 포맷 유통을 활발하게 만든 근본적인 환경은 방송 산업의 글로벌화의 영향이 가장 크다고 볼 수 있다. 초국가적인 방송 프로그램의 유통으로 시청자들의 문화코드가 동일화되기도 하고, 다문화코드에 익숙해지기도 하면서 프로그램을 받아들이는 시각 역시 변화하였기 때문이다. 또한 경제적, 문화적, 정치적으로 전 세계가 상호의존적이 되어가는 글로벌화가 급속히 진행되면서 사회적 삶 자체에 있어서 한 국가의 독자적인 자국문화, 독립적인 경제, 물리적인 국경조차 의미가 약화되고 있다(Moran, 1998).

산업적인 측면에서는 일부 국가에서 유지하고 있는 방송 시장의 보호무역 장치를 피해가기 위한 수단으로 프로그램 포맷이 유통된다는 것이다. 방송이 갖는 산업적이며 문화적인 중요성 때문에 일부 국가에서는 여전히 방송 시장에 대해서는 몇 가지 중요한 보호 무역 장치를 유지하고 있다. 즉, 방송 프로그램 자막의 사용을 금지한다거나, 특정 국가 프로그램 수입의 쿼터제를 유지하는 등의 방법으로 자국의 방송 시장을 보호하려 한다는 것이다. 자국의 문화와 방송 산업의 육성이라는 목적 아래, 많은 유럽 국가들 역시 할리우드 프로그램의 수입을 제한하기 위해서 쿼터제를 유지하고 있다(Granham, 2000).

방송사업자에게 이러한 보호무역이 장치를 피해갈 수 있는 중요한 수단이 바로 포맷의 유통인 것이다. 일반적으로 프로그램 수입 쿼터제의 경우 완성된 프로그램을 대상으로 그 수입의 양을 제한하고 있으므로, 해외 프로그램의 포맷만을 수입하여 이를 자국에서 제작하는 경우는 쿼터제의 조항에 저촉되지 않는 것이다. 이러한 측면에서 포맷의 유통은 유럽과 같이 보호무역의 장치를 유지하고 있는 방송시장에 할리우드 스튜디오들 또는 남미 공급업자들이 진입할 수 있는 유용한 통로가 되고 있는 것이다(홍원식 · 성영준, 2007, p. 162).

포맷의 시작은 영국, 네덜란드 등의 유럽에서 시작되었으며, 방송 프로그램의 선도국인 미국의 경우 포맷을 수입, 재제작하여 전 세계로 다시 수출하는 방식으로 수익을 얻고 있다. 따라서 포맷산업의 경우 유럽과 미국이 주도하고 있다. 현재 전 세계에서 가장 많이 판매된 포맷 프로그램을 정리하면 다음과 같다.

〈표 3-1〉 가장 성공한 TV 포맷 TOP 10(2006~2008)

프로그램	제작년도	원제작국
1 VS 100	2000	네덜란드
America's got talent	2006	미국
Are you smarter than a fifth garder?	2007	미국
Big Brother	1999	네덜란드
Cash Cab	2005	영국
Deal or No Deal	2000	네덜란드
Family Feud	1976	미국
Hole in the Wall(Nokabe)	2006	일본
Pop Idol	2001	영국
Power of 10	2007	미국

출처: 한국콘텐츠진흥원, 『미국 콘텐츠 산업 동향』, 2011년 19호, p. 5.

소셜 네트워크 시대 전 세계의 방송프로그램을 보다 쉽게 접할 수 있게 된 국내 시청자의 눈높이 역시 국제적인 수준의 프로그램을 요구하고 있으며, 방송시장의 치열한 경쟁을 해야만 하는 방송사들은 시청자들의 요구를 외면할 수 없는 환경에 처해 있다. 이러한 시청환경을 반영하듯, 현재 국내 방송사들은 많은 해외 프로그램 포맷을 수입해서 방송하고 있다. 케이블 채널 tvN이 〈Deal or No Deal〉의 포맷을 수입해 방송했을 당시에는 방송제작자들이나 시청자 모두 국내에서 제작한 퀴즈쇼나 리얼리티 쇼에 익숙하지 않았고, 특히 수입한 포맷을 재제작하는 것 역시 익숙하지 않았다. 하지만 방송환경의 변화로 시청자들이 해외 인기 '리얼리티' 쇼에 익숙해짐에 따라 프로그램제작자들은 시청자들의 기호에 부합하는 프로그램을 제작하기 위해 해외 인기프로그램 포맷을 수입해 프로그램을 제작하는 비율이 점차 증가하였다. 〈표 3-2〉의 2011년 국내 방송사별 포맷 수입 현황조사 자료를 보면 프로그램 포맷 수입이 큰 폭으로 늘어난 것을 알 수 있다.

이처럼 현재 한국뿐만 아니라 전 세계적으로 포맷 유통은 더욱 활발해지고 있다. 2002~2004년에는 259개의 포맷이 전 세계적으로 수출된 데 비해, 2006~2008년에는 전 세계적으로 445개의 독창적인 포맷이 수출되었다. 포맷시장 규모도 2002~2004년 사이에 64억 유로에서 2006~2008년 사이에 93억 유로로 성장했다(FRAPA Report, 2009).

이전의 국제적인 TV콘텐츠의 유통에 비하여 급격하게 프로그램 유통이 다각화되는 경향을 보이고 있지만, 그렇다고 미국의 전 세계 콘텐츠 시장에 대한 지배력이 약해졌다거나 또는 문화 상품 유통 흐름이 국제적으로 보다 동등하게 되었다고 쉽게 결론짓기는 어렵다. 비록 전통적인 할리우드 스튜디오들의 힘이 약화되고 프로그램 공급원들이 보다 확산되었지만, 여전히 이러한 프로그램 공급 기업들은 서구 강대국을 중심으로 분포되어 있으며, 최근 각광받고 있는 포맷의 공급과 소비 역시 미국 시장을 중심으로 진행되고 있다. 그리고 아시아 지역에서는 일본이 꾸준히 포맷수출을 해왔다. 일본의 방송 프로그램은 한국에 비해 제작방식, 저작권에 대한 인식도 약간의 차이를 보이기 때문에 가능했을 것이다.

포맷 시장에 일찍 뛰어든 일본에 비해서 한국은 오랫동안 일본 프로그램을 무단으로 도용하는 등의 프로그램 제작관행이 오랫동안 이루어졌기 때문에 프로그램 제작의 기초가 되며, 포맷산업에서도 중요한 기반이 되는 지적 재산권에 대한 인식이 매우 낮은 편이다.

따라서 국내에서 수출과 수입이 동시적으로 이루어지는 포맷 시장이 형성되기 위해서는 아이디어를 포함한 프로그램 제작 방식 등을 지적 재산권으로 인정해야지만 가능하다. 지적재산권의 법적 권리가 강조되고 지적 재산권에 의한 법적인 보호대상의 범위가 확장되고 있는 것은 물론 비단 TV산업만의 상

〈표 3-2〉 국내 방송사별 포맷 수입 프로그램 현황

방송사		프로그램 제목	프로그램 장르	원제작국
지상파	KBS	1대 100	퀴즈쇼	네덜란드
	MBC	사소한 도전 60초	퀴즈쇼	미국
		댄싱 위드 더 스타	리얼리티 쇼	영국
		브레인 배틀	퀴즈쇼	일본
		브레인 서바이버	게임쇼	일본
	SBS	퀴즈 육감대결	퀴즈쇼	일본
		작렬 정신통일	버라이어티	일본
		수퍼 바이킹	버라이어티	일본
		결정 맛 대 맛	인포테인먼트	일본
		솔로몬의 선택	인포테인먼트	일본
케이블	MBC 에브리원	댄싱 스토리	게임쇼	영국
		마이 맨 캔	게임쇼	독일
		퍼팩트 브라이드	게임쇼	터키
	tvN	오페라 스타 2011	탤런트쇼	영국
		러브 스위치	데이트 게임쇼	호주
		YES OR NO	게임쇼	네덜란드
		트라이앵글	퀴즈쇼	네덜란드
		코리아 갓 탤런트	탤런트 쇼	영국
		네버랜드(조용한 도서관)	버라이어티	일본
		네버랜드(즐거운 인생)	버라이어티	벨기에
	ON STYLE	도전 슈퍼모델 코리아	리얼리티 쇼	미국
		프로젝트 런웨이 코리아	리얼리티 쇼	미국
	XTM	탑기어 코리아	다큐멘터리	영국
	QTV	모멘트 오브 트루스 코리아	게임쇼	콜롬비아
		맘 VS 맘 엄마를 바꿔라	리얼리티	영국
		러브택시	리얼리티	-
		순위 정하는 여자	버라이어티	일본

출처: 한국콘텐츠 진흥원, 2011년 방송 콘텐츠 포맷 산업 실태 조사, 『Kocca 연구보고서 11-46』, p. 9.

황은 아니지만, 프로그램의 포맷이라는 새로운 지적 재산권 거래가 빠르게 확산되고 있음을 반영한 현상이라고 볼 수 있다.[4] 가장 큰 특징은 다른 방송 시장 영역 간의 상호 연관성이 꾸준히 증대되고 있다는 점이다. 케이블, 위성, 그리고 인터넷 망을 통한 방송 시장 영역의 융합은 다른 시장에서 성공한 프로그램의 아이디어를 차용할 수 있는 기회를 제공하지만 또한 그러한 현상을 감독할 수 있는 기회도 동시에 제공한다. 즉, 국가 경계를 넘은 방송 시장의 융합은 지적 재산권을 위반하고 이를 감시할 수 있도록 하는 조건이 되고 있는 것이다. 특히 여러 방송 시장에서 동시에 사업을 하고 있는 대형 방송 사업자들의 경우는 자신들의 프로그램의 지적 재산권을 침해하는 사례를 찾는데 상당한 노력을 기울이고 있다. 2000년 MIPTV에서는 대형 방송사업자들을 중심으로 Format Recognition and Protection Association(FRAPA)이라는 새로운 국제기구를 조직하여 주요 방송사 프로그램 포맷 등록을 받고 이에 대한 지적 재산의 위반 사례를 찾아내고 이를 막으려 노력하고 있다(Waisbord, 2004). 그러나 방송 프로그램의 아이디어를 지적 재산으로 간주하고 이를 위반할 때 법적인 책임을 물을 수 있는 것에 대해서는 여전히 논쟁의 여지가 있으며, 특히 프로그램 포맷을 도용한 경우에도 이에 대한 법적 조치를 취하는 것은 각국의 상황에 따라 다르게 적용되고 있다(홍원식 · 성영준, 2007, p. 159).

이렇게 지적 재산권에 대한 인식의 변화와 방송시장에서의 비중이 점차 커지면서 포맷 시장의 영역도 확장되고 있으며 국내의 방송 제작 주체들도 프로그램 포맷에 대한 기본적인 인식이나 방송시장의 변화를 받아들이고 있다.

---

4) 2001년 헝가리에서 포맷이 국제적인 지적재산권의 보호대상으로 승소함으로써, 2002년부터 지금가지 국제적인 TV 포맷의 제작과 유통이 활발히 이루어지고 있다. Screen Digest(2005). *Focus: World trade in Television Formats*, Screen Digest, April.

영국 등 유럽의 포맷 개발 회사의 콘텐츠 판매방식을 이해하고, 창의적인 포맷 개발 과정을 받아들이기 위해 노력하고 있기 때문이다. 이는 지적 재산권의 보호 대상이자 장치로서 포맷의 가치가 점점 더 커지고 있기 때문이다.

2. 프로그램에 대한 국내 콘텐츠 생산자·수용자의 시선 변화

1) 국내 프로그램 장르의 특성 변화

국내 방송사에서 제작되는 프로그램의 장르적 특성을 살펴보면 최근 몇 년 사이 퀴즈쇼, 리얼리티 쇼, 오디션 프로그램 등이 눈에 띄게 늘어났다. 해외에서 성공한 프로그램의 포맷을 수입해 재제작한 프로그램도 많이 늘어난데다, 국내에서 자체적으로 개발한 프로그램의 증가까지 이어지면서 프로그램 장르 변화는 필연적 현실이 되었다.

잘 알려져 있는 것처럼, '장르'는 문학에서 시작하여 '영화'를 거쳐 '텔레비전'에 적용된 개념이다. 특히 텔레비전 '장르'는 영화의 장르와 매우 밀접한 관계가 있다. 텔레비전 장르는 영화의 장르보다 유연하고 넓은 의미를 갖는다. 영화에서의 장르는 통상 내러티브가 있는 '극영화(fiction film)'들을 무리 짓지만, 텔레비전은 전혀 다른 수많은 종류의 프로그램들을 무리 짓기 위해 이 개념을 사용해야 하기 때문이다. 영화의 장르 개념을 그대로 적용할 경우 그것은 단지 텔레비전 드라마의 하위 범주를 구분짓는 데에만 유용할 뿐이다. 텔레비전 장르는 이러한 문제를 충분히 고려하여 다양한 형식의 프로그램을 포괄 할 수 있어야 한다. 모든 텔레비전 프로그램들이 논리적으로는 특정한 어떤 장르에 포함되어야만 하는 것은 아니며, 그 내용과 형식이 기본적인 장르 범주에 배타적으로 적용되어야하는 것도 아니다. 그러므로 텔레비전 장르에 있어 보다 중요한 문제는 그것이 역사적이며 경험적인 수준에서 나름의 정체성을 확보한 하나의 프로그램 집합을 형성하고 있는가 하는 데 있다. 특정한 관습(convention)을 공유하고 있는 프로그램 집합이 등장하고, 그 관습을 추종하는 '장르 프로그램들'이 지속적으로 제작됨으로써 하나의 '프로그램 장르'가 형성되는 것이다. 이 과정에서 프로그램 관습은 나름의 체계를 형성하며 이를 기반으로 일종의 제작공식(production formula)으로 만든다(박근서, 2004, pp. 37~39). 따라서 현재의 다양하고 세부적인 장르 프로그램의 생산 역시 국내 사회문화적 특성을 반영한 현상 중 하나라고 볼 수 있을 것이다.

텔레비전 프로그램의 장르 분류를 국내 지상파 방송사별로 살펴보면, KBS의 경우 뉴스, 드라마, 시사교양, 연예오락, 어린이 프로그램으로, MBC는 뉴스, 드라마, 예능, 시사교양, 스포츠로, SBS는 뉴스, 드라마, 예능, 교양으로 분류하고 있다.[5]

하지만 이러한 분류는 전통적 프로그램 분류 기준에 의한 것이기 때문에 방송 제작자와 학계에서는 각 장르별 하위 장르 세분화의 필요성을 꾸준히 제기하고 있다. 다매체·다채널화된 방송환경에서 프로그램 경쟁은 더욱 심화되고 있고, 경쟁의 강화는 프로그램의 형식적 변화 혹은 진화를 가져왔다. 전통 장르적 특성이 강한 프로그램보다는 복합 장르적 특성을 띄는 프로그램들이 증가하였고, 이러한 현상은 대부분의 프로그램 장르에서 발생되고 있다. 장르의 확대 혹은 세분화는 장르의 운동성에 기인하는데, 고정된 형태로 단순히

---

5) 각 방송사 홈페이지 참고.

반복하는 것이 아니라, 관객과 텍스트의 관계 속에서 산업과 제도의 요구에 따라 변화한다(Neale, 1990, p. 58). 주창윤(2004)의 연구에서는 국내 방송사에서 제작되는 프로그램을 17개의 장르[6]와 91개의 하위 장르로 구분하고 있는데, 이처럼 국내 방송 프로그램 역시 복합장르의 꾸준한 증가추세를 보이고 있다.

국내 방송 프로그램의 장르 변화는 수용자와 프로그램과의 관계, 그리고 산업과 제도의 요구에 따라 변화하다는 닐(Neale)의 논의처럼 전 지구적 문화교류 환경, 해외 프로그램의 유입 등이 시청자와 프로그램 제작자에게 영향을 미치면서 나타난 과정이자 결과이다.

1990년대 이후 방송시장의 개방과 케이블 채널의 도입, 인터넷의 대중화 그리고 현재의 소셜 미디어까지 등장하면서 증가한 미디어 플랫폼을 채우기 위해 해외의 드라마부터 엔터테인먼트 프로그램까지 다양한 장르의 프로그램들이 수입·편성되었고, 시청자들은 자연스럽게 해외 프로그램에 눈을 돌리게 되었다. 특히 미국, 영국 중심의 인기 프로그램인 드라마, 리얼리티 쇼 등이 집중적으로 케이블 채널을 통해 방송되었다. 그 결과 2000년대 초에는 국내 프로그램 장르가 복잡화되는 특성을 나타냈다. 복합장르 등장의 초기에는 일반인 출연자의 감정과 생활을 밀착해서 보여주는 리얼리티 쇼보다는 '공익'적 요소를 강조하는 프로그램들이 대세였다. '인포테인먼트', '에듀테인먼트[7]'로 분류되며 정보와 지식, 재미를 함께 전달하는 프로그램들이 제작되었는데, KBS의

---

6) 뉴스, 시사보도, 다큐멘터리, 생활정보, 토론, 교육과 문화예술, 어린이, 애니메이션, 드라마, 버라이어티쇼, 음악쇼, 퀴즈와 게임쇼, 인포테인먼트, 영화, 코미디, 스포츠, 광고와 기타 등.

7) 인포테인먼트(infortainment): information + entertainment의 단어가 결합된 신조어. 에듀테인먼트(edutainment):education+entertainment의 단어가 결합된 신조어.

〈스폰지〉, 〈비타민〉, MBC의 〈느낌표!〉, 〈아시아! 아시아!〉, SBS 의 〈솔로몬의 선택〉 등의 프로그램들이 해당된다. 복합 장르의 등장은 프로그램 내용과 함께 제작 방식의 변화를 가져왔으며, 수용자들의 참여방식도 변화시켰다.

장 루이 미시카는 이러한 현재의 텔레비전 장르의 변화를 팔레오, 네오, 포스트 텔레비전의 세 단계로 나누어 설명한다(장 루이 미시카 저, 최서연 옮김, 2007).

그는 이와 같은 세 단계 구분의 기준을 텔레비전과 시청자와의 관계로 두고 분석하였는데, 첫 번째 단계인 팔레오 텔레비전 시대(1950년대부터 1980년대 중반) 시청자는 제공되는 프로그램을 일방적으로 시청하는 수동적인 위치에 놓여있는 것이 특징이다. 그리고 이 시기 텔레비전에 반영되는 것은 수용자보다는 주로 정부의 목소리라고 설명한다.

두 번째 단계인 네오 텔레비전 단계(1980년대 후반부터 1990년대 초)는 케이블 채널이 도입된 시기이다. 다양한 프로그램을 선택적으로 볼 수 있는 시청선택권이 주어짐에 따라 시청자들의 기호는 보다 세분화된다. 이와 같은 시청자의 기호에 부합하기 위해 새로운 포맷의 프로그램이 제작되었다. 특히 시청자들도 참여하는 토크쇼나 리얼리티 쇼가 점차 증가하였다. 팔레오 텔레비전이 '사회'의 위기를 관리했다면 네오 텔레비전 시대에는 '개인'의 위기를 관리하기 시작하였다. 이 시기 프로그램에서는 주로 사생활에서 비롯되는 위기들을 다루었는데, 부부관계, 성생활, 사고와 질병 등 다루는 분야도 다양했다. 이러한 새로운 스타일의 인도주의가 가능해진 것은 시청자와 텔레비전의 관계에 본질적인 변화가 있었기 때문이다. 과거에는 스타의 자리에 있던 사회자가 일반인 출연자들의 뒤로 숨어 모습을 감춘다. 그리고 개인의 실재 경험은 리얼리티 쇼를 통해 발언의 기회를 얻게 되었고, 누구든지 리얼리티 쇼에 출연할 수 있다는 것을 시청자들은 인식하게 되었다.

마지막 포스트 텔레비전 단계는 현재의 텔레비전 환경의 특징을 의미한다. 네오 텔레비전 단계에서는 평범한 개인이라도 특별한 경험을 가지고 있다면 출연할 수 있었다. 그러나 포스트 텔레비전 단계에서는 텔레비전에 출연한 출연자와 시청하고 있는 시청자의 구분은 무의미하다. 시청자들은 출연자들을 보면서 '자기 참조(self-reference)'를 하게 되기 때문이다. 즉, 리얼리티 쇼에 출연한 한 개인은 여러 가지 통과의례를 거치면서 변모하는 과정을 보여주고, 최종적으로는 시련을 극복하고 적을 이긴 '영웅'으로 탈바꿈시킨다. 현재의 수많은 리얼리티 프로그램들은 이러한 원칙을 따르고 있으며, 프로그램에 지원한 여러 명의 지원자 중 단 한 명 만이 선택받은 자가 되는 과정을 보여준다.

이와 같은 프로그램의 구성은 시청자를 '신(神)의 시점'에 위치하게 한다. 지원자들을 탈락시키고 경쟁원칙을 세우는데 시청자들 역시 중요한 역할을 부여받기 때문이다. 단 한명의 지원자만이 영웅이 되는 프로그램의 구성은 오히려 '글로벌 시대 경쟁원리'를 노골적으로 드러내고 있지만, 수많은 지원자 중 단 한 명 만이 생존하는 과정을 볼 수 있는 시청자들의 위치는 너무나 매력적이며, 시청자들은 리얼리티 쇼가 제공하는 이러한 '재미'로부터 벗어나기는 어렵다.[8]

서구사회에서 먼저 시작된 리얼리티 프로그램의 제작 경향은 국내의 방송

---

8) 아네트 힐(Hill, 2005)은 리얼리티 장르의 진화를 다음과 같이 설명한다. 1980년대 리얼리티 쇼의 초기에는 주로 '선정적 저널리즘'의 영향을 받아 '정보-오락'유형의 범죄와 긴급구조 리얼리티 쇼가 다수 선보였다. 이후 1990년대에는 '다큐멘터리', 특히 '관찰 다큐멘터리' 장르의 영향을 받은 '다큐숍(docu-soap)'과 주택이나 가족 문제를 다루는 '라이프스타일'유형의 리얼리티 쇼가 강세를 보였다. 2000년 이후에는 토크쇼와 게임 같은 유형이 대세를 이루었으며, 현재에는 모든 유형이 공존하면서 무한경쟁을 하는 시기로 접어들었다. 김수정(2010), 「글로벌 리얼리티 게임쇼에 나타난 '자기통치'의 문화정치: 〈프로젝트 런웨이〉와 〈도전!슈퍼모델 〉 프로그램을 중심으로」, 『한국방송학보』, 24권 6호, p. 15.

시장에도 영향을 미쳤다. 현재 국내의 텔레비전 프로그램 역시 '리얼리티 쇼'가 강세를 보이고 있기 때문이다. 지상파의 경우 MBC의 〈위대한 탄생〉, SBS의 〈K-pop Star〉와 tvN의 〈슈퍼스타 K〉 등의 일반인이 출연하는 오디션 프로그램[9]뿐만 아니라 기존의 유명 연예인들이 출연하는 오디션 프로그램도 큰 인기를 얻고 있다. MBC의 〈나는 가수다〉, KBS의 〈불후의 명곡〉, 〈탑 밴드〉 등의 프로그램이 해당된다. 그리고 국내 시청자들 역시 '글로벌 시대 무한경쟁 원리'를 그대로 보여주는 프로그램의 '재미'에 점차 익숙해지고 있다.

2) 국내 프로그램 생산자와 수용자의 시선 변화

지상파 방송사의 프로그램뿐만 아니라 케이블 채널의 다양한 프로그램에 노출되면서 수용자들은 보다 다양한 장르의 프로그램을 접하게 되었고, 제작 국가의 문화적 상황에 대한 관심도 높아졌다. 수용자들은 기호에 맞는 프로그램을 선택적으로 볼 수 있을 뿐만 아니라, 디지털 미디어 환경으로 인해 프로그램에 대한 다양한 의견 교류, 해외 프로그램에 대한 보다 세부적인 정보 수집 등이 수월해지면서 국내에서 제작되는 프로그램과의 비교, 비평 등에 수용자의 참여는 더욱 늘어났다.

수용자들의 이러한 변화는 프로그램 제작자들에게도 영향을 미쳤다. 국내 수용자들을 만족시킬 수 있는 프로그램을 제작하기 위해서는 인기 있는 해외 프로그램의 특징을 고려하지 않을 수 없게 되었기 때문이다. 따라서 해외 인기 프로그램 포맷의 수입뿐만 아니라 국내 제작자들의 아이디어로 만들어진

---

9) 국내 유명 음악 오디션 프로그램에는 전 세계에서 다양한 국적을 가진 일반인들이 지원을 한다. K-pop의 달라진 '팬덤'을 확인해 볼 수 있는 사례이기도 하다.

리얼리티 쇼 등도 점차 늘어나게 되었다.

따라서 텔레비전 리얼리티 프로그램의 전 세계적인 인기는 텔레비전 프로그램의 장르의 변화, 시청자와의 상호작용성의 확장 등 다양한 변화를 수반하고 있다. 특히 글로벌 장르로서의 리얼리티 프로그램의 전 세계적 확산은 지역에 따라 다른 규모와 속도로 그리고 다면적으로 전개되고 있다. 아시아의 경우 텔레비전 프로그램 장르 중 드라마가 여전히 큰 인기를 끌고 있지만, 리얼리티 쇼의 제작의 증가 비율도 무시할 수 없는 상황이다.

국내 리얼리티 프로그램의 경우, 지상파 방송은 MBC 〈위대한 탄생〉, SBS 〈K-pop 스타〉 등의 일반인 중심의 오디션 프로그램 MBC 〈나는 가수다〉, KBS 〈불후의 명곡〉처럼 전문 가수들이 출연해 경연하는 오디션 프로그램 등이 큰 인기를 끌고 있다. 또한, MBC 〈무한도전〉, KBS 〈1박2일〉, SBS 〈런닝맨〉 등 각 방송사의 간판 예능 프로그램은 리얼리티 형식을 띄지만, 일반인이 아닌 유명 연예인들이 출연하는 프로그램이다.

이에 반해 케이블 채널은 지상파와의 차별성을 띄는 프로그램을 제작하기 위해 일반인이 출연하는, 다양한 장르적 변형이 가능한 리얼리티 쇼(reality show)를 선호한다. 따라서 영국과 미국 중심의 리얼리티 쇼를 적극적으로 수입해 방영하고 있으며, 비슷한 형태의 프로그램을 제작하거나, 프로그램 포맷을 공식적으로 수입해 재제작하기도 한다.

이와 같이 국내 방송 프로그램의 장르적 변화는 방송사 간의 채널경쟁으로 인해 새로운 포맷이나 장르의 프로그램을 적극적으로 개발하려는 것도 주요한 요인이지만, 해외 프로그램에 익숙해진 시청자들의 기호가 반영된 것도 주요 요인이다. 그리고 시청자들의 바뀐 시청 취향은 각 지역별, 국가별, 사회문화적 특징에 따라 '차이'를 보인다. 김수정(2011)은 국내에서 방송된 해외 리얼리티 프로그램 중 〈서바이버〉나 〈빅브라더〉보다 〈슈퍼모델〉, 〈프로젝트 런웨이〉 등의 전문 오디션 경쟁 프로그램의 인기 요인 분석을 통해 수용자의 특성을 설명한다. 즉, 자연이나 집안의 공간에서의 휴식과 여가의 영역을 다룬 프로그램보다 모델이나 디자이너 등 특정 직업 분야에서 최고를 뽑는 리얼리티 쇼가 국내 시청자들에게 관심을 받는 이유는 현재 한국사회의 환경이 미국이나 서구사회와 다르기 때문이라는 것이다. 현재 한국 젊은이들에게 가장 큰 관심사는 직업 또는 취업이다. 물론 한때 한국사회도 소비 규모의 확대와 함께 삶의 질에 대한 관심이 높아지면서 미국적 라이프스타일, 글로벌 소비의식의 변화 등이 나타났었다. 하지만 2000년대 이후 청년실업률이 높아짐에 따라 취업, 혹은 새로운 전문직종과 관련된 소재를 다루는 리얼리티 프로그램이 더 큰 인기를 끈다는 것이다.

아시아 국가별로 인기 있는 한류 콘텐츠가 '차이'를 보이는 것처럼 국내 시청자들이 선호하는 해외 프로그램도 다른 국가의 시청자들과 '차이'를 나타내는 것이다.

따라서 해외에서 큰 인기를 끌었다고 해서 무조건적으로 다른 지역 혹은 국가에서 동일한 관심을 받을 수 있는 것은 아니다. 수용자는 각 지역별 사회문화적 환경에 따라 문화소비패턴이 다르기 때문이다.

3. 한류 문화에서 재현되는 다문화성

한류는 1997년 중화권과 베트남에서 시작되어 7년 뒤인 2004년과 2005년 〈대장금〉과 〈겨울연가〉로 아시아를 떠들썩하게 만들며 한국 대중문화사의 새 막을 열었다. 한류 1세대를 이끈 대중문화물 텍스트가 드라마 장르였다면, 2000년대 후반 한류 2세대를 이끈 것은 케이팝이라는 대중음악 장르다. 제작자의 측면에서 본다면 1세대 한류는 오로지 국내 시청률을 염두에 두고 만들어진 프로그램이 가지고 온 '우연한 대박'이었다면, 2세대 한류는 한국의 전문 연예기획사가 준비한 '의도적 세계화 기획'과 분리해서 생각할 수 없다(김수정, 2012, p. 6). 따라서 국내 시청률을 염두에 두고 만든 초기 한류 콘텐츠는 아시아라는 키워드로 묶일 수 있는 동일한 문화코드가 존재하지만, 콘텐츠에 내재되어 있는 문화코드는 한국문화의 특징이 강하다. 하지만 K-Pop은 세계 시장 진출을 목표로 하고 있기 때문에 한국문화보다는 아시아 문화들 그리고 아시아 문화보다는 글로벌 문화를 지향한다.

드라마, 영화가 아닌 음악으로 큰 주목을 받고 있는 현재의 한류 붐은 10대 혹은 20대 초반의 연령으로 구성된 아이돌 그룹들이 주를 이루는데, 개인보다는 그룹으로 구성되며, 빠른 비트 음악에 맞춰 다양한 퍼포먼스를 보여준다. 뛰어난 외모와 화려한 패션스타일, 다양한 퍼포먼스 등이 어우러지며 만들어지는 K-pop 아이돌들의 이미지는 대중의 눈길을 끌기에 충분하다. 뮤직비디오 속의 K-pop 가수들의 모습은 오랜 시간 피나는 노력을 통해 몸에 익힌 것임을 알 수 있을 만큼 세련된 춤을 보여주기 때문이다.

국내의 거대 기획사(SM, YG, JYP 이하 3대 기획사)들은 2000년대 중반부터 기존의 정형화된 댄스음악에서 탈피하여 미국 정통힙합과 유럽의 일렉트로닉 팝과 같은 다양한 음악장르가 적극적으로 혼종된 음악스타일을 추구하기 시작하였고, 이와 동시에 멤버들을 다국적으로 구성하는 등 세계시장 진출에 적극성을 보이기 시작하였다.

3대 기획사들은 국내는 물론 일본, 중국, 미국 등 해외 오디션을 통해 연습생들을 뽑기 시작하였고, 이들은 연습생이라는 통과의례를 통해 그룹 멤버가 되었다. 멤버의 다국적 구성은 3대기획사 중에서도 JYP가 가장 적극적으로 추진하였다.[10] 이와 같이 중국, 태국 등의 다국적 멤버들이 등장함에 따라 국내 아이돌그룹은 국가성을 초월해 범아시아적인 면모를 띠게 되었다. 음악적 특성에서는 다양한 장르가 혼종된 음악스타일을 선보였는데, 한국의 대중음악이라기보다 글로벌 음악을 지향하는 트렌드로서의 K-pop이미지를 구축하기 시작하였다. 따라서 국내 뿐만 아니라 외국 팬들이 보다 쉽게 노래를 익힐 수 있게 만들었고, 최근에는 노래를 한국어로 직접 부르고 춤을 따라하는 자신의 모습을 찍어 유튜브에 올리는 등 적극적인 다국적 팬덤을 형성하고 있다.

따라서 국내 연예기획사의 '글로벌 전략'은 한류를 대표하는 K-pop이라는 텍스트에 다국적 멤버들을 적극적으로 수용하는 형태로 나타났다. 그리고 이와 같은 아이돌 그룹이 국내에서도 수용될 수 있었던 이유는 국제결혼의 증가, 해외 유학생의 증가와 더불어 국내에 유입되는 외국인 노동자 수의 증가 등 한국사회가 현재 겪고 있는 변화와도 관련이 깊다.

2012년 통계청의 조사에 따르면 2012년 6월 기준으로 국내 상주 15세 이상 외국인은 111만 4,000명이며, 취업자는 총 79만 1,000명으로 조사되었다. 이는 국내 내국인 경제활동 인구조사 취업자 수 2,511만 7,000명의 3.2%에 해당된다. 외국인 중 남자 취업자가 51만 8,000명으로 65.4%, 여자 취업자는 27만 4,000명으로 34.6%이다.[11] 국내 인구통계학적 변화를 통해서도 알 수 있듯이,

---

10) 그룹 2PM의 멤버 닉쿤은 태국 국적이며, 그룹 미스A의 멤버 네 명 중—지아와 페이—두 명이 중국국적이다. SM의 경우도 그룹 에프엑스의 멤버 빅토리아가 중국국적이다.

11) 2012년 11월 22일 통계청 자료. http://kostat.go.kr

한국사회의 다문화 현실에 대해서는 이제 누구나 동의하는 시대가 되었다. 전 지구화에 따른 노동력의 국제적 이동이 활발해진 가운데 한국에서도 다양한 '정체성 집단 정경(ethnoscape)'이 펼쳐지고 있음을 알 수 있다.

1) 국내 미디어 문화에서 재현되는 다문화

다문화주의에서 '다문화'라는 말을 어떻게 해석하느냐에 다라 그 현실적 포섭 대상이 달라진다. 다문화주의는 이중적인 방식으로 의미 작용할 수 있다. 하나는 '다문화'를 이전의 '단일문화' 내지 '지배문화'에 의해 통합되거나 억압 혹은 배제되고 차별받는 소수 집단 문화들과의 권력관계 속에서 해석하는 것이다. 이때 문화는 정체성의 지속적이면서도 강력한 대상으로 제시되며, 사회적 출신배경과도 직접적으로 연결된다. 인종적, 민족적, 성적, 종교적 소수 집단과 그 문화가 이 범주에 해당된다. 이들을 가리키는 다문화주의 논의는 시민권의 비보편주의적 편향에 대한 비판과 더불어 소수자의 문화적 차이 인정과 사회적, 정치적 권리 보장의 문제를 끌어들인다. 이와 다른 또 하나의 방식은 '다문화'를 '구별 가능한 다양한 문화들'의 다원주의적 공존과 관련지어 해석하는 것이다. 이때, 문화는 여전히 정체성 구성에 영향을 미치면서도, 좀 더 가변적이고 유동적이며 일시적인 성격의 틀까지를 포함한다. 단순한 취향이나 미디어 상품, 또는 문화적 스타일 등을 중심으로 형성되는 문화까지를 모두 망라하는 '다문화'개념이 여기에 속한다. 이는 정치적, 법적 평등성과 관계없이 문화적 분화와 차이를 존중하고 나아가 촉진하는 문제로 귀결된다. 이와 같이 다문화주의의 두 가지 차원은 일정한 변별성을 지니는 것임에도 불구하고, 뒤섞여 논의되는 것이 일반적 현상이다(이상길·안지현, 2007,

pp. 66~67).

2000년대 들어 더욱 가속화된 전 지구화 현상으로 인해 한국사회 역시 다문화적 현상을 현실적 문제로 받아들이게 되었다. 인구, 노동력, 미디어 상품의 초국가적 이동이 활발해지면서 언어, 인종, 문화의 차이를 보이는 집단들의 국내거주가 늘어났기 때문이다. 이에 따라 일상생활 속에서의 사회 · 정치적 권리의 보장, 교육과 결혼 등의 문제가 부각되면서 학계와 정책입안자들의 주요 논의 대상이 되었다. 하지만 국내에서 생산되는 주요 담론을 살펴보면 아직까지도 이와 같은 현실적 문제를 권력관계 속에서 살펴보는 경향이 강하다. 실제로 국내 미디어에서는 '한류'를 조명하면서 한류 주요 소비 주체인 아시아인들을 한국 대중문화에 열광하는 팬으로서 묘사하거나 아시아인들 간의 문화적 차이를 권력관계 속에서 해석한다.

이를 확인할 수 있는 방법 중의 하나가 미디어에서 재현되는 이미지인데, 방송에서는 사회의 전형성이 반영된 캐릭터로 묘사되거나[12] 한국문화에 익숙하지 않은 젊은 전문여성들,[13] 혹은 서구적 외모를 가진 남성출연자들이 시트콤이나 예능 프로그램[14]에 출연한다. 주류 사회에서 받아들일 수 있는 혹은

---

12) KBS 드라마 〈산너머 남촌에는〉에서는 베트남에서 시집온 이주 여성이 가족구성원으로 등장하는데, 현실적 갈등 등의 주체로 묘사되기 보다는 주변인물로서 갈등을 해결하는 코믹한 인물로 묘사된다.

13) KBS의 예능 토크쇼 〈미녀들의 수다〉는 한국사회에 유학이나 취업을 위해 온 젊은 여성들이 출연해 일상생활에서 겪은 문화적 차이를 솔직하게 얘기하는 프로그램이다. 2006년 11월 26일 첫방송을 시작으로 시즌 1은 2009년 12월 21일 종영하였으며, 2010년 1월 4일 시작, 2010년 5월 3일 2010년 시즌 2를 끝으로 종영하였다. 〈미녀들의 수다〉가 높은 관심을 받았던 요소 중 하나는 일반인 출연자들의 뛰어난 외모였다.

14) MBC 시트콤 〈지붕뚫고 하이킥〉(2009)에 출연한 줄리엔 강 역시 주인공보다는 주변인으로, 갈등을 해결하는 코믹한 인물로 묘사된다. 〈산너머 남촌에는〉이 농촌을 배경으로 한 드라마로 이주여성을 주변인으로 묘사했다면, 〈지붕뚫고 하이킥〉은 도시공간을 배경으로 하며, 드라마에서 묘사되는 외국인은 서구적 외모를 가진 출연자이다. 줄리엔 강은 2012년 현재 MBC 리얼리티 프로그램 〈우리 결혼했어요〉에서 '가상결혼'을 한 부부로 출연하고 있다.

상상하고 있는 이미지들이 주로 생산된다고 볼 수 있다.

이에 반해 영화에서는 좀 더 현실적 문제들을 재현하는데, 최근 몇 년 사이 흥행한 영화 속 주요 인물들이 이주 노동자나 이주 여성들이 많이 등장하였다. 영화 〈방가방가〉(2010)는 취업을 위해 한국에 온 이주 노동자들의 삶을 현실적으로 보여주었으며, 영화 〈의형제〉(2010)에서도 이주노동자들의 노동현장, 그리고 결혼이라는 수단을 선택해 한국사회에 온 여성들의 삶을 현실적으로 보여준다. 영화 〈완득이〉(2011)는 이주여성을 엄마로 둔 주인공이 가난, 장애, 다문화가정이라는 삶의 편견을 이겨내고 삶을 주체적으로 설계해가는 모습을 보여준다. 영화 속 다문화가정 혹은 이주노동자들의 삶은 한국사회의 편견과 폐쇄성으로 인해 고통을 겪는다. 재현 방식의 차이는 존재하지만 미디어 속 인물들을 통해 다문화가정이나 이주 노동자 등 소수집단 문화정체성이 지배 문화와 벌이게 되는 교섭, 변형, 저항 등의 과정을 보여준다. 따라서 전 지구화시대에 소수 집단들이 이루는 '정체성집단'의 모습은 어떤 국가출신인지, 어떤 문화를 가지고 있는지 등이 드러난다고 해도 그 성격은 초국가적인 복잡한 교류와 상호작용의 결과물이라고 봐야 할 것이다. 그리고 소수문화가 지배문화와의 교류 과정에서 나타나는 '혼종화(hybridization)' 경향과 그 특징을 살펴보는 것은 지금의 한국사회에서 매우 중요한 화두가 되었다.

2) 초국적·혼종적 문화, 한류

이동연(2006)은 한류문화를 부르디외(Bourdieu)의 '문화자본' 용어를 빌려 한류문화자본으로 명명하면서 아시아 소비자들에게는 매력적인 콘텐츠일지 몰라도 국가와 시장의 영역에서는 막후 치열한 문화전쟁을 벌이고 있다고 설명한다. 실제로 한류가 아시아 지역에서 크게 인기를 끌면서 국내 문화상품 수출에는 긍정적 역할을 한 것은 사실이지만, 이러한 문화산업의 성장을 견제하는 사례들도 확인되고 있기 때문이다. 일본과 중국에서의 '혐한류' 열풍이 대표적 사례인데, 최근 가수 싸이(PSY)가 미국에서 큰 주목을 받으면서 대만의 인기 배우이자 가수인 주걸륜(周杰倫)은 자국의 뮤직어워드 시상식에서 '강남스타일의 말춤 패러디를 그만하자'는 견제의 수상소감을 남겼다.[15] 아시아 지역에서의 자국문화보호 전쟁은 심심찮게 볼 수 있는 현상이다.

그럼에도 불구하고 한류문화가 국내 뿐 아니라 아시아, 그리고 서구사회에서도 인기를 끌 수 있는 이유는 자본과 인간, 그리고 미디어와 기술에 이르기까지 다양한 형태의 이동이 다양한 층위에서 일어나면서 전 지구적 차원에서 상호 연결 및 상호의존의 복합적 연결을 빠르게 전개시키고 있기 때문이다.

이미 아시아 지역에서 한류가 수용될 수 있는 이유를 분석한 논문 등에서도 언급했지만 아시아 지역의 국가들이 가지고 있는 '복합적 문화경험'이 전제되어 있기 때문이다. 언어와 문화적 차이가 존재하지만 문화의 '차이'를 수용할 수 있는 문화환경이 구축되어 있다는 것이다. 이와 더불어 디지털 테크놀로지의 발달, 교통수단의 발달, 유학과 여행 등의 국가와 국가 간의 교류 등이 확장되면서 국내 수용자들도 이러한 복합적 문화경험이 과거에 비해 훨씬 확장되었기 때문에 '한류'문화에 한국의 문화, 아시아의 문화, 서구사회의 문화 등이 복합적으로 내재화되어 있는 점이 한류 열풍의 중요한 전제조건이 된 것이다.

그럼에도 불구하고 국내 한류 담론은 이러한 문화환경에 대한 이해보다 자국의 문화환경 중심으로 형성되어왔다. 김수정(2012)은 아시아 지역의 한류

---

15) 마이데일리. 2012.12.6.

라고 할 때 중국과 일본이 아시아 지역 전체를 대변하는 듯 중국과 일본에서의 한류에만 관심을 집중해왔음을 비판한다. '동남아'지역은 한류의 효과를 분석하는 데 항상 부차적 지역이거나 혹은 아예 관심 밖의 대상이 되어왔다는 것이다. 한류 현상에 대한 미디어 보도와 다수의 기존 연구가 '한국 중심주의'적 성격을 띠며, 한국인들의 입장에서 한류에 관해 알고 싶거나 보고 싶은 것에만 집중하는 태도로서, 여기에는 한류를 수용하는 해외 지역의 특성이나 그들의 대중문화의 지형에 대한 관심이 부재함을 비판한다.

하지만 최근 문화소비 패턴에 대해 '국제적(international)'이라는 표현 대신 '초국적 또는 초국가적'이란 형용사를 새롭게 사용하는 이유는 대중문화 흐름에 있어서 변화와 그것을 이해하는 인식론적 프레임이 바뀌었기 때문이다. 그 변화의 기조에는 1990년대 가속화된 '세계화(globalization)'가 자리하고 있다. 세계화는 세계구조의 '탈중심화'와 다른 차원에서의 세계적 융합이 가속화되고, IMF 등과 같은 초국가적 행위주체의 권력이 강화되는 반면, 개별 '국가'의 지위가 현저하게 약화되는 특성을 지닌다(Tomlinson, 1994).

'국제적(inter-national)'이라는 개념이 국가를 행위의 기본단위로 하여 수행된 국가들 사이의 관계를 일컫는다면, 초국가적(trans-national) 흐름은 지역, 도시, 또는 지방, 개인이 행위 단위가 되어 국경을 가로지르는 다중적 연결과 흐름을 지칭한다(Hanners, 1996, p. 6; 김수정, 2012, p. 13 재인용). 따라서 해너즈의 논의처럼 지나친 포괄성을 상정하게 하는 '세계화' 용어보다는 문화실천의 다양한 규모와 분포까지 포착할 수 있는 '초국가적'이라는 개념이 더 유용할 수 있다. 이러한 점에서 세계화 과정이라는 조건 위에 발생한 우발적 사건으로서의 한류 역시 '중심'인 서구에서 주변으로가 아니라, '주변'들 간의 다기한 선을 따라 이동하는 문화의 초국적 현상으로 이해할 수 있다.

즉, '초국적' 문화흐름의 개념은 우리의 인식뿐 아니라 우리의 분석을 국민 국가라는 단위에서 벗어나게 한다. 그리고 문화의 '초국적성'은 '혼종성'과 같이 논의된다. 아시아의 대중문화의 보급에 큰 역할을 한 일본의 경우 일본문화의 '무국적성'이 서구사회에서도 일본문화가 소비될 수 있었던 이유라고 일본의 학자 이와부치는 분석한다. 그는 일본 대중문화에서 '무국적성 담론'이 1960년대 이후 대중화되면서 두 가지 의미를 갖게 되었는데, 하나는 '민족 문화적 특징을 감추거나 없애는 것'이고 다른 하나는 '다양한 문화기원'을 가진 요소를 섞어 융합하는 것이다. 애니메이션이나 컴퓨터 게임에서 언급되는 무국적성이 주로 전자의 의미를 가진다면, 아시아에서의 일본 문화의 '무국적성'은 후자의 의미를 띤다. 일본에서의 '무국적성'은 일본이 국가적 이익을 위해 역사적으로 여러 차례 변용해 사용한 권력적 담론이기도 하다. 따라서 이와부치는 탈식민주의론에서 제시하는 '혼종성(hybridity)'개념과 일본인들이 주장하는 '혼종화(hibridized)' 개념을 구별하기 위해 '혼종주의(hybridism)'로 명명한다. 탈식민주의의 '혼종성'이 문화의 본질주의를 비판하는 담론이라면, 일본의 혼종주의는 혼종화 능력을 바로 일본의 본질적 특성으로 전유하는 일종의 '유동적인 문화 본질주의'인 것이다(이와부치, 2004, pp. 67~68).

김수정(2012)은 '초국적 대중문화'란 국가의 경계를 쉽게 '월경하게 만드는' 대중문화 텍스트에 물화되어 있는 내용적 속성을 지칭하는 것이 아니라, 국가적 경계를 월경하며 발생되고 구성되는 문화적 실천의 과정이자 국면으로 이해할 필요가 있다고 설명한다. 그러한 개념적 인식은 한류에 대한 우리의 관심을 텍스트 자체보다는 콘텍스트로, 그리고 텍스트와 만나는 소비의 국면으로 이끈다는 것이다.

따라서 현재 '한류' 문화가 아시아 지역을 넘어 서구사회로까지 확장되면서 초국적 대중문화로서의 특징과 '글로벌 문화'와 한국의 '로컬 문화'의 결합 과정에서 나타나는 '혼종성' 문화에 대한 논의가 그 어느 때보다 활발히 진행되고 있다. 즉, '국가의 경계를 월경하는 한류문화의 요인이 무엇인가, 혼종적 문화로서의 한류는 무엇인가'에 대한 질문일 것이다. 한류를 경제적, 민족적 키워드로 설명하기도 하지만 현재 한류문화를 아시아 지역에서 혹은 서구사회에서 소비되는 국면에서 보자면 정서의 유대와 문화적 공감을 함께 누리는 것만은 분명하다.

참고문헌

김수정(2010). 「글로벌 리얼리티 게임쇼에 나타난 '자기통치'의 문화정치: 〈프로젝트 런웨이〉와 〈도전! 슈퍼모델〉 프로그램을 중심으로」, 『한국방송학보』, 24권 6호, pp. 7~44.

_____(2012). 「동남아에서의 한류의 특성과 문화취향의 초국가적 흐름」. 『방송과 커뮤니케이션』 2012년 제13권 1호, pp. 5~54.

마동훈(1999). 「글로벌 텔레비전과 문화연구」. 황인성 엮음. 『텔레비전 문화연구』. 한나래.

박근서(2004). 「텔레비전 인포테인먼트 프로그램의 장르 특성」. 『방송문화연구』. 2004년 제16권 2호, pp. 33~63.

배진아(2008). 「방송시장의 포맷 거래에 관한 연구」. 방송과 커뮤니케이션, 9(2), pp. 6~36.

은혜정(2008). 「국제적 유통상품으로서의 TV 포맷의 최근 경향과 한국 포맷의 해외진출 가능성에 관한 연구」. 『한국방송학보』, 22(6), pp. 327~360.

이동연(2006). 『아시아 문화연구를 상상하기』. 그린비.

이동후 외(2008). 「디지털 미디어 콘텐츠 포맷 전망 및 산업에 관한 연구」. 『디지털 미디어콘텐츠 포맷팅 R&D 연구보고서1』. 한국예술종합학교.

이만제(2006). 「뉴미디어 콘텐츠 포맷 연구」. 한국방송영상산업진흥원 보고서.

이상길·안지현(2007). 「다문화주의와 미디어/문화연구: 국내 연구동향의 검토와 새로운 전망의 모색」. 『한국언론학보』, 51권 5호, 2007년 10월, pp. 58~83.

이종수(2008). 「오디션 리얼리티쇼와 현대 여성의 '통과의례': 〈도전 슈퍼모델〉 서사분석을 중심으로」. 『미디어, 젠더 & 문화』, 9호, pp. 51~164.

앨버트 모란·마이클 킨 지음, 황인성 옮김(2005). 『아시아의 텔레비전』, 커뮤니케이션북스.

장 루이 미시카 지음, 최서연 옮김(2007). 『텔레비전의 종말』. 베가북스.

주창윤(2004). 『텔레비전 프로그램 장르설정 기준에 관한 연구』, 방송위원회.

정윤경·전경란(2010).「프로그램 포맷의 절합과 변형」,『한국방송학보』, 24권 제1호, pp. 197~232.

한국콘텐츠진흥원(2011).「2011년 방송콘텐츠 포맷 산업 실태 조사」,『Kocca 연구보고서』, pp. 11-46.

홍순철·은혜정·이종임·기선정(2008).「디지털미디어콘텐츠포맷 제작매뉴얼 개발 연구」.『디지털 미디어콘텐츠 포맷팅 R&D 연구보고서4』, 한국예술종합학교.

홍원식(2006).「융합시대 지상파 콘텐츠 현황과 대응」, 한국방송연구원(편).『뉴미디어 콘텐츠 포맷 연구』, pp. 31~64. 한국방송연구원.

_____(2008).「포맷비즈니스 발전 방향과 정책적 과제」,『뉴미디어콘텐츠 포맷의 비즈니스 현황과 전망』, 세미나 발표자료.

홍원식·성영준(2007).「방송콘텐츠 포맷 유통에 관한 탐색적 연구: 포맷 유통 실무진 심층 인터뷰를 중심으로」.『방송문화연구』, 19권 2호, pp. 151~179.

Appadurai, A.(1996). *Modernity at large*. 차원현·채호석·배개화 역(2004).『고삐풀린 현대성』. 현실문화연구.

Gurtmann, A.,(Ed.)(1994). *Multiculturalism: Examining the politics of negoition*. Princeton University Press.

FRAPA(2009). The FRAPA Report 2009: TV Formats to the world.

Neale, S.(1990). *Question of genre*. Screen(45)1. pp. 45-66.

Screen Digest(2005). Focus: World trade in Television Formats, Screen Digest April.

Tomlinson, J.(1999). *Globalization and Culture*. The University of Chicago.

5장
K-Pop의 현재

1. 드라마에서 K-pop으로

2000년대 중반 동아시아 문화관련 컨퍼런스에 참석하면 낯선 진풍경이 연출되었다. 필자가 알고 있는 드라마뿐 아니라 본 적이 없는 한국 드라마에 대해 아시아 학자들이며 기자들이 내게 질문을 했기 때문이다. 아시아지역에서 한국 드라마가 인기를 끌면서 젠더 스테레오타입도 생긴 듯 했다. 한류의 붐을 일으키는 데 가장 큰 역할을 했던 드라마 〈겨울연가〉 속 남녀 주인공의 캐릭터 때문일 것이다. 드라마 속 남성들은 따뜻하고 친절했으며, 패션센스까지 갖춘 완벽남이었다. 또한 여주인공들은 이러한 남성들의 보호 아래 사랑받는 수동적인 여성으로서의 역할에 충실했다. 따라서 한국 드라마에서 재현되는 남성의 이미지는 아시아 여성들의 사랑을 받기에 충분해보였다. 특히 아시아 지역의 중년여성들이 큰 관심을 보였는데, 일본 여성들에게는 과거의 향수를, 중국이나 대만 여성들에게는 세련된 모던함이 어필되었기 때문이다. 이를 반증하듯이 여성의 정체성을 다룬 대만 영화에서도 중산층 중년 여성이 무료함을 달래기 위해 보던 DVD는 한국 드라마였다.[1]

---

1) 장애가(張艾嘉, Sylvia Chang) 감독, 〈20, 30, 40(Twenty Thirty Forty)〉 (2004).

아시아 지역을 중심으로 형성된 한류 붐은 한국 미디어 콘텐츠의 독특한 특징과 함께 정부의 적극적 개입 역시 중요한 역할을 했다. 태생적으로 한류는 하나의 자연스러운 대중문화의 흐름이라기보다 기획된 문화상품의 결과일지도 모른다.

실제로 1990년대 후반 중국에 수출되었던 한국 드라마가 인기를 끌면서 중국 내에서의 한국 미디어 콘텐츠 보급과정에 정부가 적극적으로 개입했었다. 그러나 한국 드라마가 그 이외의 일본, 홍콩, 대만, 태국 등 아시아 지역에서 폭넓게 인기를 얻게 되면서 정부는 문화산업 육성의 시각에서 다양한 정책적 대안을 제시하기도 하였다.

한류문화의 등장 이전에 한국 사회에서 대중문화의 문화적 정체성과 집단적 소속 범주를 말할 때는 오랫동안 대중문화를 '서구'의 절대적 영향권 아래 있는 것, 혹은 '왜색'의 영향이 끈질기게 작용하는 것으로 인식한 적이 많았으며, 그와 대비되는 것으로 '민족문화'를 위치시키는 것이 낯설지 않았다(이영효, 1983, pp. 235). 따라서 2000년대 초반 한류가 아시아지역에서 형성되는 과정은 문화수입국으로서 한국을 인식하고 있었던 국민들에게는 신선한 충격이었다.

과거 1980년대 말 1990년대 초반 국내에서 홍콩 영화들이 크게 인기를 끌었던 적이 있다. 홍콩배우들이 한국을 방문해 팬미팅을 열거나 광고를 찍는 등 큰 인기를 끌었다. 최근에 한국 대중문화의 키워드 중 하나가 '복고'[2]임을 반영하듯이, 과거 홍콩영화가 크게 국내에서 흥행했던 시절의 추억을 활용하는 장면들이 드라마에서 자주 재현되었다. SBS 드라마 〈신사의 품격〉의 주인

---

2) 2012년 개봉한 영화 〈건축학개론〉, 케이블 채널 tvN 드라마 〈응답하라 1997〉 등의 콘텐츠들은 1990년대 대중문화—음악, 일상적 문화소재—를 영화 주요 소재로 적극적으로 재현하였고, 2012년 한 해 큰 히트를 쳤다.

공들의 과거 회상장면에서 이러한 문화들이 재현되기도 했던 것처럼 과거 인기 있었던 영화의 향수가 대중들의 기억 속에 존재하고 있음을 알 수 있는 사례이다. 이와 같이 홍콩의 대중문화가 국내에서 잠깐 인기를 끌었던 것처럼 한류로 주목받았던 초기 한국의 대중문화도 '한때의' 인기로 끝날 것이라는 예측이 대부분이었다.

하지만 이후 1990년대 후반부터 현재까지 아시아 지역에서 한류가 꾸준하게 인기를 끌면서 한류는 경쟁력을 갖춘 한국의 대중문화로 인식되었다.

아시아 지역에서 한국 드라마가 높은 관심을 받았던 것처럼, 2000년대 중반 국내 시청자들에게 '미드(미국 드라마)'와 '일드(일본 드라마)'로 불리며 해외 콘텐츠가 폭발적 인기를 끌었던 시기가 있었다. 미국의 방송 콘텐츠의 경우 자국의 시청자층뿐만 아니라 글로벌 마켓을 대상으로 제작하므로 제작비나 제작인력 등을 놓고 봤을 때 국내 드라마와는 비교할 수 없을 만큼 높은 경쟁력을 지닌다. 또한 일본 드라마는 독특한 감수성과 함께 코믹한 캐릭터, 디테일한 스토리텔링 등이 국내 방송콘텐츠와는 차별되는 특징을 가지고 있었고, 국내 시청자들의 관심을 끌기에 충분했다. 이와 같이 그동안 해외 콘텐츠의 적극적인 유입이 국내 콘텐츠에 직간접적으로 영향을 미치고, 수용자들의 니즈를 적극적으로 읽어낸 때문인지, 최근 몇 년 동안 국내 드라마는 다시 시청자들의 눈길을 사로잡았다. 결국 국내에서 제작된 드라마의 질적 성장과 다양한 소재의 개발은 국내 시청자층뿐만 아니라 아시아 지역의 시청자층의 관심을 끄는 데에도 성공했다. 또한 음악 장르인 K-pop까지 인기를 끌면서 한류의 장르와 팬덤은 더욱 넓은 지역으로 확장되었다.

이를 반영하듯이, 국내 방송영상산업은 최근 방송 프로그램의 수출 호조로 급속한 성장세를 보여 왔는데, 한류가 이러한 성장을 견인하는 주역이라고 할 수 있다. 한류는 중국을 중심으로 드라마가 처음 수출되기 시작한 1990년대 중반 이후 그 흐름이 포착되기 시작했지만 한류가 방송영상산업을 본격적으로 주도하기 시작한 것은 KBS 드라마 〈겨울연가〉가 일본에 수출되어 커다란 반향을 불러일으켰던 2004년부터라고 할 수 있다. 실제로 1990년대만 해도 부진을 면치 못했던 방송 프로그램 수출은 중국과 대만, 홍콩 등지에서 TV 드라마나 가요 등을 중심으로 시작된 한류 현상이 일본, 태국, 베트남 등 아시아는 물론 중동, 유럽 등으로까지 확산되면서 최근 몇 년간 방송 콘텐츠의 해외 수출이 급증세를 나타냈다(허진, 2005). 이에 따라 국내의 방송프로그램 수출 현황은 2001년부터 급격하게 증가했다고 볼 수 있는데, 한국의 문화산업과 방송영상산업의 이러한 시장 규모는 2000년대부터 시작된 한류의 영향이 크다고 할 수 있다(하윤금, 2006).

한류 콘텐츠 수요가 가장 큰 시장 중 하나가 바로 일본인데, 현재 일본의 경우 매주 4개 지상파 방송과 6개 위성방송을 통해 방송되는 한류 드라마의 방송시간은 총 100시간에 가까운 것으로 나타났다. 니혼게이자이(日本經濟)신문이 발행하는 주간지 '닛케이트렌디(nikkei trendy)'는 2011년 11월호에서 일본의 모든 방송국이 방송하는 한류 드라마의 방송시간의 총계가 10월 기준 매주 총 93시간 40분씩에 이르는 것으로 나타났다고 보도했다. 한류 드라마의 방송시간이 급증한 이유로 시청자의 요구를 들었다. 후지TV는 작년 1월부터 '한류 알파'라는 이름의 프로그램을 통해 평일 낮 시간대 등에 최대 3시간 동안 한류드라마를 집중 배치하는 전략을 시도하였는데, 특히 최근 방송된 장근석 주연의 드라마 〈미남이시네요〉는 시청률이 7%에 가까운 시청률로 1위를 차지했다. 즉, 일본의 경우 한류 드라마가 50대 이상 여성에 이어 10대에서 40대까지 시청층을 끌어들었다고 볼 수 있다. 또한 일본드라마는 편당 제작비가 대부분 1000만 엔(약 1억 5,000만 원) 이상인데다가, 재방송 조건도 3년 이내에 3회까지 허용하는 등으로 까다롭지만, 한국 드라마는 수십만~수백만 엔 수준이라는 것, 즉 비용은 적게 들고 시청률은 확보되므로 방송사에서는 한류 드라마를 선호하게 된다는 것이다.[3]

한 때 한류 드라마에 대한 인기가 거품이 아닐까라는 담론이 형성되기도 했었다. 그 이유는 과거 홍콩영화의 인기가 지속되지 못했던 것처럼 배우의 인기에만 기댄 콘텐츠 제작이 이루어졌기 때문이다. 스토리에 대한 고민보다는 인기 한류 배우를 캐스팅하는 데 집중함에 따라 제작비는 점차 증가하였지만, 대부분 배우의 캐스팅 비용으로 충당되면서 드라마 내러티브의 완성도는 떨어졌다.

이와 더불어 2000년대 중반 국내에 일본드라마와 미국 드라마가 대거 수입되면서 국내에서 제작된 드라마보다 해외 드라마를 소비하는 시청자층이 늘어나기도 했다. 흔히 한국 드라마에서 주요 소재가 되고 있는 '사랑'을 미국 드라마에서는 현실적 사건과 인물의 재현, 복잡한 스토리, 과학기술의 적극적 활용 등이 '사랑'관계를 대체했고, 일본 드라마에서의 디테일한 캐릭터와 상황묘사 등이 국내 드라마의 스토리 구성과 차이를 나타냈다.

이와 같이 여러 번의 위기가 있었지만 국내·외 수용자들의 기호를 반영한 드라마를 제작하게 되었고, 지금 한류의 인기를 유지할 수 있게 된 것이다. 그리고 최근 아이돌 그룹을 중심으로 K-pop에 대한 관심이 높아지면서 한류담론은 드라마에서 음악으로 자연스럽게 이동하고 있다. 원용진·김지만(2011)의 논의처럼 한국의 대중음악이 K-pop이란 새로운 이름을 달고 아시아, 유럽에서 인기를 끌고 있다는 현재의 장르 이동의 상황은 중요하게 짚고 넘어가야 할 사

---

3) "매주 일본에서 방송되는 한류드라마 100시간 육박", 조선일보, 2012.10.10.

건일 것이다.

현재 국내에서는 '한류'의 인기요인에 대한 다양한 논의가 진행 중이다. 가장 큰 이유는 대중음악이 새로운 플랫폼이 없어도 유통될 수 있는 IT기술에 힘입었다는 점을 빈번하게 언급한다. 유튜브 등 SNS의 대중화가 K-pop의 확산에 큰 영향을 미쳤다는 것이다. 또한 국내 음악산업에서 거대 기획사의 등장과 이러한 기획사에서 가수를 양성하는 방식도 주목받고 있다. SM, YG, JYP 등 3대 기획사 중심으로 K-pop의 붐을 주도하고 있기 때문이다. 다양한 가수들을 양성하고 키우고 있는 이들 기획사들은 적극적으로 IT기술을 활용하고, 수용되는 시장의 특성을 잘 파악하고 있어서 국내 대중음악시장뿐만 아니라 한류형성에 중요한 역할을 한다.

위의 논의에서도 알 수 있듯이, 초기 한류의 붐이 드라마를 통해 형성되었다면 현재의 한류는 K-pop이 그 붐을 이어가고 있다. 드라마가 국내 방송사와 드라마 제작사, 주요 배우들 그리고 정부정책이 주요 축이었다면, 현재는 3대 엔터테인먼트 기획사와 방송사, 정부 정책 등이 주요 축을 이루고 있다. 또한 한류가 의류, 의학, 관광, 음식 등의 영역으로 확장되면서 이와 관련된 다양한 주체들 역시 한류와 관련된 전략을 제시하기 위해 노력하고 있는 상황이다.

2. 미디어에서 재현되는 한류 담론의 특징

몇 년 전부터 아이돌 그룹의 음악으로 다시 주목받게 된 한류는 현재 'K-pop'이란 이름으로 한류파워를 다시 한 번 실감하게 하고 있다. 주요 일간지, 방송뉴스에서부터 인터넷까지 꾸준히 관심을 받아온 케이팝은 지난 여름 가수 싸이의 미국시장 진출 성공으로 더욱 탄력을 받고 있다. 유튜브에서 싸이 뮤직 비디오의 높은 클릭수는 전 세계에 한국 가수 싸이(PSY)를 알리는 데 큰 교두보 역할을 하였고, 미국 유명 매니지먼트 기획자 스쿠터 브라운(Scooter Braun)과의 계약체결까지 이어지면서 케이팝의 미국시장에서의 성공에 대한 기대를 더욱 크게 만들었다. 이에 따라 한류는 현재 한국 브랜드 가치의 주요 척도로 활용되고 있으며, 대중문화분야 뿐만 아니라 전방위 영역으로 확장되고 있다. 특히 K-pop의 경우 대중미디어를 통해 해외 팬들과 교류하기보다 먼저 소셜 미디어 등 디지털 네트워크를 통해 전 세계로 확장되면서 팬들로부터 다양한 피드백을 더욱 직접적으로 확인할 수 있다는 것이 큰 장점이기도 하다. 주춤할 것 같았던 한류 열풍이 K-pop을 통해 다시 한 번 형성됨에 따라 미디어에서도 적극적으로 이러한 현상을 보도하였다.

한류 열풍이 태풍으로...K-Pop, 세계 음악시장 나비효과"(세계일보, 2011.11.15),
"日 열도 휩쓴 열풍, 美대륙도 삼킨다(문화일보, 2012.1.30.)

위의 기사에서 한류를 묘사한 표현, '태풍', '열풍', '대륙도 삼킨다' 등의 표현에서도 알 수 있듯이, 해외에서의 한류 열풍은 그 어느 시기보다 크게 성공한 문화상품이며, 한국의 경제적, 민족적 자긍심을 불러일으키는 중요한 수단임을 대중들에게 각인시킨다.

이처럼 우리는 미디어를 통해서뿐만 아니라 일상생활에서도 '담론'이라는 말을 자주 사용한다. 정치담론, 정책담론, 사회담론, 문화담론, 미디어 담론이라 불리는 사회적으로 순환되는 주장이나 입장 그리고 시각들은 공공적 소통의 기능을 수행하기도 한다. 그리고 사회적으로 쟁점이 되는 사항에 대한 심도 있는 논의나 해석, 논쟁점을 제공하기도 하며, 특정한 이해관계가 반영된 주장을 제기하기도 한다. 조금 다른 시각에서 담론은 인문학과 사회과학의 경계를 가로지르면서 지식과 상징의 영역을 통한 실천과 현실개입, 그리고 지식생산 자체가 다변화되고 대중화되고 있는 다매체, 탈전통화, 탈장르주의 시대의 특성을 적절하게 포착하는 대표적 단어이기도 하다. 담론은 발화되거나 문자로 쓰인 서류나 진술문에서 중요한 사회적 이슈에 대한 특정한 시각이나 입장을 담고 있으면서, 사회 내에서 형성되고 유통되는 크고 작은 종류의 이야기나 텍스트 혹은 발화의 집합을 지칭하기도 한다. 즉, 일상적이거나 사적인 수준의 대화에서부터 공적인 성격이 부여되거나 정부가 발행한 문서, 법정의 판결문이나 정부의 포고령, 각종 미디어에는 사설, 평론과 기고문, 영향력 있는 정치인이나 기업가의 공식석상에서의 발언이나 연설문, 의사나 엔지니어와 같은 전문가의 진단서나 소견서와 같은 다양한 형태와 형식 그리고 발화되거나 문자화된 형태뿐만 아니라 미디어나 온라인을 통해서 전달되는 다양한 시각적 기호와 이미지, 이들 이미지와 결합된 음악이나 음성적 효과를 포함하기도 한다. 결국 담론은 다양한 집단, 주체들의 의미화 작용을 구체적으로 발현하는 하나의 과정이라고 볼 수 있으며, 이를 통해 특정집단의 이익을 추구하거나 혹은 국가의 이데올로기를 전파하는 데에도 큰 영향을 미치기도 한다. 담론은 언어적인 것뿐만 아니라 미디어를 통해 재현되는 다양한 시각적 이미지, 텍스트이기도 하다. 최근에는 인터넷의 대중화와 수용자들의 적극적인 이용으로, 과거에는 특정 주체들만이 담론을 형성했던 것에 비해 시민단체, 인터넷 이용자이자 생산자인 일반시민 등도 담론을 형성하는 주요 주체로 등장하게 되었다(이기형, 2006, pp. 109~110).

이와 같이 담론은 개인이나 집단에 의해 생성되거나 매개되지만 특히 사회 제도적인 층위에서 주도적으로 발생, 교환, 수용되며, 이러한 과정을 통해서 담론은 복잡하게 얽힌 의미망을 형성한다. 주어진 특정한 국면에서 이해관계를 달리하는 사회세력의 움직임이나 사건 그리고 조직적인 운동과 맞물리면서 이들 담론은 사회 내에 복수적으로 존재하는 담론의 장을 통해서 확장되거나 현실개입적인 조직화된 운동의 차원으로 확장될 가능성을 지니게 된다(이기형, 2006, p. 111). 이러한 담론이 형성하는 다양한 주체들의 결합과 의미생산과정은 한류담론에서도 찾아볼 수 있다. 1990년대 후반 시작된 한류는 한국의 대중문화, 미디어 문화로서도 의미를 가지는 바도 크지만, 동아시아에서 주목을 받는 한류는 국내 시장경제를 살릴 수 있는 또 하나의 수출상품으로 인식되었다. 동아시아에서의 인기를 끌면서 정부, 연예기획사, 미디어 등의 주체들이 결합하면서 '한류담론'은 민족주의와 경제주의적 담론이 주를 이루고 있기 때문이다. 또한 1997년 한국사회가 겪은 IMF는 자본논리에 따른 사회구성원리를 받아들이도록 하였으며, 현재 글로벌 문화로의 도약을 준비하고 있는 한류문화는 한국의 경제적 지표를 측정하는 중요한 축으로 기능하도록 만들었다. 즉, 한국의 문화콘텐츠로서의 한류가 얼마나 큰 경제적 수익을 형성하는지에 대한 담론형성과 함께 동아시아 지역을 넘어 서구사회에서도 인정받는 상품을 넘어선 하나의 문화로 인식되고 있음을 강조한다. 이렇게 아시아를 넘어 유럽, 미국, 남미 등으로까지 확장되는 한류문화는 과거 서구문화의 수입국이었던 한국이 오히려 문화 수출국으로 그 위치가 변화되었다는 것이다. 미디어에서는 해외에서의 한류인기를 취재, 보도하면서 한류 콘서트를 요청하는 한류팬들, 콘서트에 참여한 팬들의 모습을 집중적으로 조명하였다. 물론 주류담론의 일관적인 시각과 함께 비판적 담론이 공존하였지만, 최근 가수 싸이가 유튜브를 통해 전 세계적으로 알려지고, 미국에서의 큰 인기를 기반으로 전 세계에서도 큰 주목을 받게 됨에 따라, 기존 아이돌 중심의 K-pop에 대한 긍정적 담론이 오히려 더욱 탄력을 받고 있다.

기존의 아이돌 그룹 중심으로 형성되어온 K-pop 붐은 기획사의 철저한 준비하에 생산되는 문화상품에 가까웠다면, 가수 싸이는 아무런 프로모션 없이 유튜브를 통한 뮤직비디오 소개만으로 해외에서 큰 주목을 받은 사례이다. 가수 싸이에 대한 해외수용자들의 적극적인 관심, 플래시 몹 등의 자발적인 수용자의 참여 그리고 미국 유명 프로듀서가 싸이를 스카웃하는 과정이 진행되면서 기존 K-pop아이돌 가수들의 해외 진출 모습과는 다른 프로세스와 효과를 보이고 있지만, 이와 같은 '차이'에 주목하기보다는 '한국·Korea'의 우월한 문화적 파워를 상징하는 케이팝으로 상징적 의미를 갖게 되었다.

물론 지금까지 아시아 지역이 아닌 서구사회에서 주목받는 아이돌 그룹관련 뉴스기사는 꾸준히 생산되었다. 그러나 최근 싸이의 경우는 조금 다르다. 실제로 가수 싸이는 미국 인기 방송인 NBC의 〈TODAY SHOW〉, 〈엘렌 드 제너러스 쇼(The Ellen DeGeneres show)〉, CNN의 싸이의 뮤직비디오 소개와 인터뷰 방송 등 수많은 프로그램에 출연했으며, NBC 프로그램인 〈엑스트라(EXTRA)〉에서는 싸이를 위해 몰래 카메라 형식의 플래시 몹을 진행하는 내용이 방송되기도 했다. 이뿐만 아니라 미국 시장에서의 성공여부를 직접적으로 측정할 수 있는 척도인 빌보드차트에서 2012년 9월 17일 싸이의 노래가 2위를 기록함에 따라 국내 미디어에서 생산하는 싸이 관련 기사는 크게 증가하였다. 국내의 대중들 역시 싸이의 미국 시장 진출에 큰 관심을 보였다.

대중문화현상은 계획된 기획에 따라 진행되는 영역도 존재하지만 전혀 예상하지 못한 곳에서 나타나기도 한다. 조영한(2011)이 설명한 것처럼 한류는 동아시아 팝 컬쳐 속에 주기적으로 그러나 동일하지 않게 발생하는 반복적인 흐름(iteration)인 것이다. 초기 동아시아에서 드라마 중심의 한류 붐이 형성되었을 때 국내 시청자들을 대상으로 기획하고 만들어졌던 드라마가 사회문화적 환경이 다른 국가의 수용자들에게 인기를 끄는 것은 새로운 현상이었다. 마찬가지로 현재 가수 싸이의 인기도 국내 수용자들을 대상으로 만들어졌던 노래이자 뮤직비디오임에도 불구하고 전 세계에서 큰 관심을 보이고 있는 것 역시 예상하지 못했던 새로운 현상이다. 소셜 미디어가 대중화되고 많은 사람들이 쉽게 동영상을 볼 수 있다는 미디어 환경이라고 해도, 수많은 영상물들 중에서 싸이의 뮤직비디오가 크게 인기를 끌었다는 것 역시 매우 놀라운 일인 것만은 틀림없다. 실제로 미국에 거주하고 있는 많은 재미한인들 역시 한국어로 된 노래가 미국 프라임타임대의 TV방송, 라디오 등에 방송되는 것에 크게 놀란 반응을 보였다. 기존에는 전혀 경험하지 못했던 상황이기 때문이다. 실제로 미국 내의 많은 수용자들이 싸이 관련 플래시 몹, 자신들의 모습을 찍은 영상 등을 끊임없이 업데이트 하는 등 현재 싸이는 미국에서 주목받는 엔터테이너이다.

싸이의 미국 시장에서의 활동을 바라보는 국내 미디어 담론은 과거 한류 담론과 크게 다르지 않다. 가수 싸이는 미국 방송출연 당시 영어로 편안하게 대화를 나누는 모습을 보여줄 뿐만 아니라 '대한민국 만세', '죽이지' 등 한국어를 함께 사용하였다. 미국 방송에서 영어와 한국어를 자유롭게 구사하는 모습은 국내 시청자들에게는 큰 감동을 주는 엔터테이너로 인식된다. 이후 국내 언론은 미국 시장에서 활동하는 싸이의 모습 하나하나에 의미를 부여하고 있으며,

싸이가 미국활동 당시 이용하는 자동차가 국내 모 기업의 자동차라는 것[4]에도 애국심을 부여하는 등 싸이의 음악활동뿐만 아니라 모든 일상생활까지도 담론의 소재가 되고 있다. 미디어 속 가수 싸이는 시간이 지날수록 경제적 수익성, 자기 책임과 같은 윤리적 규범, 개인주의와 소비자 주권 등과 같은 가치를 소비하는 글로벌 주체로서 구성되고 있다. 이에 따라 국내 대중들 역시 싸이가 미국시장에서의 성공을 통해 '국위선양'을 하고 있다는 것에 동의할 뿐만 아니라 잠시 국내 활동을 위해 귀국한 싸이에게 '강제출국'을 요구하는 여론이 형성되는 상황에 이르기까지 했다. 이 여론의 요지는 한국처럼 작은 시장 활동보다는 보다 넓은 글로벌 시장, 즉 미국 시장에서의 활동에 주력해야 한다는 것이다. 한 가수의 개인적 활동과 성공이 이제는 한국 국민의 성공과 일치하는 지점에 이른 것이다.

따라서 이 장에서는 글로벌 시대에 요구되는 경쟁과 성공이라는 코드가 유명 엔터테이너를 통해 어떻게 재현되고 있는지를 살펴보고자 한다. 최근 몇 년 사이 K-pop의 성공으로 모든 한국 경쟁가치의 기준이 한류로 통일되고 있고, 한류가 가지고 있는 문제점들을 덮어버리고 성공한 한류로 담론이 형성되는 '한류 환원주의(이동연, 2012)'가 형성되었으며, 이마저도 가수 싸이의 미국 시장진출성공에 집중하면서 환원주의적 담론은 더욱 강화되고 있기 때문이다.

또한 현재 한류담론을 형성하는 데 큰 매개적 역할을 하고 있는 소셜 미디어, 소셜 네트워크 등의 테크놀로지가 얼마나 중요한 매개체로서의 역할을 하고 있는지도 살펴볼 것이다.

---

4) 실제로 싸이는 2012년 8월 자신의 트위터에 'along with korean made HYUNDAI'라는 글과 함께 자동차 앞에서 찍은 사진을 같이 올렸다. "싸이, 미국서 타는 차가..'홍보 효과도 대박", 스포츠 동아, 2012.9.20.

3. 담론분석의 이론적 논의

1) 문화영역 담론의 지형도

담론은 언어학에서 한 문장보다 덩어리가 큰 언어적 진술을 가리키는 것과 동시에 사고와 커뮤니케이션의 상호작용적인 과정과 결과를 함께 의미하며, 또한 의미들을 만들고 재생산하는 사회적 과정을 말한다(박명진, 1989, pp. 78~79). 담론이란 모든 형태의 언어적 행위, 즉 말과 글을 통한 사회적 상호작용을 의미하며 모든 말과 글이 사회적이라는 전제 아래 대화는 담론의 기본 조건이 된다. 페어클라우 역시 '담론'개념을 언어 연구에서 널리 사용되는 의미로서 사회적 행위와 상호작용, 즉 사람들이 실제 사회적 상황에서 함께 상호작용하는 것으로 보고 있으며, 후기 구조주의 사회이론에서 지배적인 것으로서 '담론'을 실재의 사회적 구성, 지식의 한 형태를 지칭하는 것이라고 말한다(Fairclough 1995, p.18).

담론은 프랑스 지식인 미셸 푸코의 개념으로 소쉬르와 바르트가 재현 문제에서 상대적으로 좀 작은, 고립된 단위들—언어, 기호 시스템—에 관심을 가졌던 반면, 푸코는 좀 더 광범위한 재현 시스템, 즉 특정한 역사적 순간에 권위를 획득하고 지배적 지위를 차지했던 특정 주제에 관한 서사, 문장, 이미지 전체에 관심을 기울였다. 지배적 특질과 역사를 강조한 데서 알 수 있듯이, '담론'이라는 개념은 구조주의와 달리 지식과 권력 생산의 문제와 관련해 역사적으로 더 특수한, 정치화된 재현에 대한 관심을 제공했다. 홀은 푸코처럼 다른 것들은 배제한 채 어떤 주제에 관한 특정한 이해 방식을 통제하거나 허용하기 위해 담론이 작동하는 방식에 관심을 기울였다. 홀은 푸코가 담론을 통해서만 실제 세계가 그 의미를 획득한다고 설명한 것이 매우 중요하다고 보았다(James Procter 저, 손유경 역, 앞의 책, 2004, p. 121). 푸코의 담론 개념은 다른 텍스트나 담론들에 의해 결정되는, 개방적이고 연속적인 것이 아니라, 자기 고유의 주체와 대상, 개념과 전략을 갖는 불연속성을 갖는다. 즉, 푸코가 보기에 특정한 형태의 담론형성체는 다른 담론형성체에 대해 개방되어 있지 않으며, 자기 고유의 전략과 지배효과를 갖고 있다는 것이다(라클라우 & 무페, 이승원 역, 2012). 푸코는 담론이 다양하게 얽힌 층위에서 사회적 실재와 사건들을 형성한다는 일종의 '구성주의적' 입장을 취하면서, 특히 담론이 주체와 자아, 사회관계와 지식의 체계를 형성하는 방식과 과정에 관심을 가졌다. 푸코는 서구 철학의 형이상학적 테마를 사회화하고 이러한 작업과정에서 정치담론 개념과 담론분석의 전형을 제공한 것이다. 지식의 고고학이라고 불리는 그의 전반기 연구에서 푸코는 한 시대 지식의 질서와 체계를 구성하는 일종의 '역사적 선험성'으로서의 에피스테메의 형성에 대한 연구를 시도하였다(이광래, 1989; 홍기수, 1999). 푸코의 고고학의 추구가 담론들이 형성하는 현실효과를 나타내기보다는 담론이라는 익명의 규칙들의 집합과 질서의 형성에 주로 천착하는 구조주의의 한계를 갖게 되면서 '계보학'으로 선회하게 된다. 따라서 기존의 거시적인 요인에만 집중하던 지배적 사회이론들과는 달리 무엇보다도 언어의 사회성과 물질성에 주목한다. 언어와 상징, 기호와 상상의 영역을 통해서 사물과 제도들이 사회적으로 인정되는 의미들을 획득함으로써 인식되고, 이러한 의미화를 기반으로 제도 자체에 변화를 가져오는 역동적 능력과 과정에 대한 분석을 비판적으로 수행하는 데 주안점을 둔다. 담론이론은 언어와 상징 그리고 이데올로기들이 발휘하는 사회적 효과와 영향력을 재평가한다.

이기형(2006)은 이러한 푸코의 담론을 문화영역에서 채택되는 담론의 지형도를 제시하고 있는데, 크게 담론의 절대적 행위자성을 강조하는 라클라우(Laclau)와 무페(Mouffe)의 작업에서 찾는 것과 푸코나 라클라우, 무페의 사회적 구성주의의 기본은 받아들이지만 동시에 이들의 개념을 비판적으로 수용하는 두 개의 방향으로 분류한다.[5]

첫 번째 입장은 탈구조주의를 매개로 한 헤게모니론의 대표적 주창자인 라클라우와 무페의 경우로 담론이 사회적 구성물을 형성하는 주된 행위자라는 입장을 고수한다. 사회라는 기존의 개념은 담론분석에 적합한 대상이 아니며 복잡하고 다양한 차이와 우연성, 그리고 불균등하고 이질적인 모순들이 존재하는 사회라는 영역을 묶을 수 있는 하나의 대원칙은 존재할 수 없다고 본다. 사회는 어떤 항구적 실체가 아니라 열려 있으며, 다양한 층위의 갈등과 모순, 그리고 행위자들이 형성하는 집합적 행동과 의미들이 접합되면서 만들어지는 대상이라는 것이다. "담론 자체가 우리가 사는 세상을 전적으로 구현한다"라는 기존의 인식론을 부정하는 급진적인 입장을 취한다(Philips & Jorgense, 2002, p.19, 이기형, 2006, p.125 재인용). 라클라우와 무페의 입장은 스튜어트 홀을 비롯한 영국의 문화연구자들에게 상당한 영향력을 미친다. 홀 역시 기본적으로 사회는 담론 밖에 독립적으로 존재하는 것이 아니라, 의미화와 담론 속에 존재한다는 입장을 취한다. 한편 주체의 형성과 관련해서는 홀은 기존의 좌파 이론이 상정하던 특정한 계급이나 젠더와 주체의 형성 사이에 만들어지는 자동적 상응관계를 거부한다. 즉 계급적 배경이나 존재가 반드시 그러한계급의 이익에 부합하는 주체를 형성하는 것

---

5) 이 두가지 입장은 이기형(2006)의 논문, "담론분석과 담론의 정치학"을 참고로 하여 정리하였다.

이 아니라는 반본질주의적 입장을 취하는 것이다.

두 번째의 입장은 담론은 일단 특정한 의미와 메시지를 담은 텍스트와 발화 그리고 장르나 제스처 등의 형태를 포함하는 언어학적이고 기호학적인 구성물이다. 즉, 비판적 담론이론은 언어학적 자율성과 독립성을 인지하고, 그러한 특성을 일정부분 유지하고자 한다. 동시에 비판적 담론분석은 기존의 구조주의나 기호학의 기본 입장을 벗어나서 담론이 사회적 실행과 재생산과정의 특정한 단면이거나 그러한 실행들이 이루어지는 특정 순간을 의미한다는 점을 강조한다. 이들은 담론이 사회적 실행들과 결합되는 한도 내에서 사회적 영향력과 효과를 발휘한다고 보았다. 즉, 담론은 제도적이거나 비담론적인 요소에 영향을 끼치기도 하고, 이들에 의해서 영향을 받는다는 것을 의미하며, 양자 간에 일종의 변증법적 관계가 성립함을 의미한다.

푸코가 인간주체나 아이덴티티를 전반적으로 담론이나 사회구조에 의해 형성되는 일종의 효과나 구성물로 보는 반면에 비판적 담론이론가들은 인간주체가 언어적이고 담론적인 대상이 만들어내는 구성물만이 아닌 이들 대상을 적극적이고 성찰적으로 활용하는 행위자라는 시각을 고수한다(Crossley, 2005, p. 23; 이기형, 2006, p. 128 재인용).

따라서 방법론적 측면에서 비판적 담론분석가들은 미식적 층위의 대화분석이나 텍스트분석을 통해서 어떻게 복수의, 그리고 경쟁관계에 있는 이데올로기 담론들이 인간주체에 의해서 성찰적으로 수용되거나 새롭게 정의되는지 파악하고자 한다(Crossley, 2005, p. 23, 이기형, 2006, p.128 재인용).

2) 미디어에서 '재현'되는 한류문화담론 특징

2000년대 초반 일본에서 드라마 〈겨울연가〉가 큰 인기를 끌게 되면서 형성된 일본의 한류열풍 담론은 주로 배용준의 팬인 일본여성들을 집중적으로 보도하면서 시작되었다. 공항에서 배우 배용준을 기다리는 일본의 중년여성들, 드라마 촬영지인 한국을 방문하고 한국문화에 우호적인 태도를 보이는 일본여성들을 인터뷰 하는 등 일본에서의 한류의 인기를 재현하는 데 집중했다. 이후 일본뿐만 아니라 중국, 대만, 홍콩, 태국 등 아시아 지역에서 한류의 인기가 점차 확산되면서 드라마 주연 배우들이 프로모션을 위해 일본뿐만 아니라 아시아 각 국가들을 방문하였고, 그때마다 어김없이 미디어는 공항에 나와 있는 아시아 한류 팬들을 집중적으로 보여주었다.

홀(Hall)은 미디어가 재현하는 현실은 주어진 사실의 투명한 반영이 아니라, 담론에 의해 사물이나 사건이 특정한 의미를 갖도록 하는 의미 작용 실천의 산물이라고 설명한다(Hall, 1996: 247). 즉 미디어는 특정하고 제한된 의미가 보편적이고 자연적이며 '현실' 자체와 일치해보이도록 재현하고 있다는 것이다. 사람들은 미디어에 의한 현실의 특정한 재현을 '당연한 것(taken-for-granted)'으로 받아들인다.

이처럼 미디어를 통해 형성되는 담론은 자민족이나 국민-국가의 경계 밖의 타자를 정형화된 이미지로 재현하려는 경향이 있다. 타자에 대한 담론은 집단의 다양한 특성과 집단 내 차이를 무시한 채 특정 특성만으로 집단을 정형화시키면서 타자에 대한 효율적인 이미지를 도모할 뿐만 아니라 타자와의 존재론적인 차이를 통해 '우리'의 정체성을 확인한다. 홀(Hall, 1997)은 정체성이 문화체계 속에 재현되는 방식을 통해 형성되고 인식된다고 하면서 정형화가 일종의 재현을 실천하는 행위라고 말한다. 그는 타 집단의 차이를 드러내며, 그러한 차이를 본질화하고, 특정한 특성으로 환원하며, 자연화하고 이분법적으로 대비하고 특정한 부분에 집착하거나 부정하면서 사회의 지배적인 시각에 부합하는 이미지를 만들어간다고 말한다(이동후, 2006, p. 16).

그렇다면 현재 한국 내 미디어에서 재현되는 '한류'담론은 어떠할까?

초기 한류 담론이 주로 드라마와 영화를 통해 일본과 중국에서의 한류를 과도하게 포장해 동아시아에서의 한국의 위상을 검증받고 싶어했다면, K-pop이 글로벌 열풍을 일으킨 이래 그 구도는 한국 대 일본이 아니라 한국 대 미국과 유럽의 구도로 바뀌었다. 미디어에서 일본과 중국 등 아시아 국가와의 관계를 우월적으로 보려는 시각은 많이 사라지고 대신 K-pop이 미국의 팝 시장을 넘어설 수 있는가, 유럽 팝문화의 중심으로 진입할 수 있는가에 대한 보도에 집중했다. 보도의 무게 중심이 동아시아 내 문화적 민족주의에서 글로벌 민족주의로 이동한 것이다(이동연, 2012). 한류는 이제 선진국과의 당당히 맞설 수 있는 하나의 상징적·현실적 기준이 된 것이다. 김수정(2012)은 현재의 미디어 담론의 층위를 네 개로 분류하여 설명한다. 첫째로 가장 영향력 있는 담론은 미디어 층위에서 생산된 담론이다. 특히 신문과 방송의 담론은 사회구성원에게 공통된 지식을 형성해주며 강력한 매체적 영향력을 지닌다. 미디어는 사건이나 현상에 대한 정의를 내리며, 그 현상을 어떻게 보고 평가해야 하는지 수용자의 인식방향을 결정하는 일정한 틀을 내포하고 있기 때문이다. 그런데 한류는 해외에서 일어나는 현상이기에, 한류 생산국으로서 한국에서 만들어내는 미디어 담론과, 한류 소비국에서 생산해내는 외국의 미디어 담론의 입장은 상이하다. 둘째는 개인 대화의 층위에서 발생하는 담론으로서 한류 팬들이 대화나 인터넷 게시판, SNS로 나누는 시청 소감이나 팬끼리 생산해내는 이야기이다. 이들 담론은 한국의 사회적 분위기나 미디어의 영향력을 의식하고 한류 소비자의 취향과 반응을 고려하는 한류 제작자에게 중요하게 취급된다. 세 번째로는 한류에 대한 국가의 정책적 언설이나 문화산업에서의 기업적 언설이다. 이들은 서로 다른 담론을 구성할 수도 있지만 흔히 공조 관계를 보여준다. 마지막으로, 학자들의 연구나 출판 및 세미나를 통해서 형성되는 학계의 담론이 있다.

이렇게 다양한 층위의 미디어 담론들이 서로 교차되면서 담론구성체를 형성한다. 그러나 주류 미디어가 만들어내는 담론은 글로벌 민족주의와 함께 자본주의적 논리가 중심적 축을 이룬다. 일례로 지난 2011년에 파리에서 SM 소속 가수의 콘서트가 열렸을 때 그곳 팬의 열렬한 반응만을 반복적으로 보여주었고 마치 파리 전체가, 나아가 유럽이 케이팝에 열광하는 듯했다. 하지만 이 시기 프랑스 방송에서 한국 드라마가 방영된 적도, 라디오에서 케이팝 가수의 노래가 방송된 적도, 대형 음반 스토어에서 한국 가수의 앨범을 구매하기 어렵다는 사실들은 누락되어 있다(손승혜, 2011). 또한 2010년 SM의 미국 LA 공연이 끝난 후에 국내 미디어에서는 엄청난 양의 기사가 생산되었는데, 뉴스담론에서 다루고 있는 내용은 거의 비슷했다. 케이팝이 세계 팝의 본고장 LA를 점령하였으며, 관객의 70%가 비한국계이며, 공연 당시 자리가 전석 매진되었을 뿐만 아니라 공연 후 팬들로부터 엄청난 갈채를 받았다는 것이다. 한 가지 흥미로운 것은 SM이 미국, 프랑스 등 해외공연을 위해 전세기를 빌렸는데, 탑승한 사람들은 공연관계자뿐 아니라 20여 명의 취재진도 함께 있었다는 것이다. SM은 항공비, 숙박비를 무상으로 제공했으며, 협조를 받은 기자들이 LA 공연을 우호적으로 쓸 수밖에 없는 것은 당연하다. 또한 공연관련 기사와 연결해서 엔터테인먼트 관련 주식에 대한 언급이 항상 등장한다는 것이다. 한류는 이제 자본을 증식시키는 데 좋은 수단이 된 것이다(이동연, 2012).

지금 진행 중인 가수 싸이의 미국 시장 진출은 현재 국내에서 형성되고 있는 한류 환원주의를 더욱 강화시킬 것으로 예상된다. 또한 "가장 한국적인 것이 가장 세계적이다"라는 테제는 한국어로 제작된 노래가 미국, 유럽 등 아시아 이외의 서구사회에서도 인기를 끌고, 기존의 이분법적인 강력한 민족주의를 글로벌 민족주의로 전환함과 동시에 글로벌 담론을 확산시키는 데 중요한 매개적 역할을 하고 있다. 이러한 현상을 좀 더 구체적으로 살펴보기 위해 K-pop 관련 미디어 사례분석을 진행하였다.

3) 연구대상과 연구방법

본 연구는 글로벌화의 지표로서 상징적 의미를 지니고 있는 케이팝이 국내 미디어에서 어떠한 담론적 실천을 통해 민족주의와 글로벌 경쟁력의 의미로 활용되고 있는지를 분석, 제시하고자 한다. 이미 해외 시장에 진출한 스포츠 스타를 통해 형성되었던 미디어 담론 역시 한국이 배출한 글로벌 경쟁력을 갖춘 스포츠 스타임을 강조해왔다. 현재 K-pop은 대중문화와 엔터테이너의 상징적 의미가 결합되면서 아시아를 넘어서는 탈경계적 문화생산국으로서의 한류담론이 형성되고 있다. K-pop의 아이돌 중심의 가수들이 해외에서 얼마나 큰 인기를 끌고 있는지에 대한 사실에 방점을 두었다면, 가수 싸이의 경우는 미국시장 진출의 구체적인 프로세스를 보도할 수 있게 되면서, 더욱 효과적으로 미디어를 통해 재현되고 있기 때문이다.

분석 대상은 2010년부터 2012년까지 케이팝 관련 미디어 기사들을 그 대상으로 한다. 이 시기는 국내의 유명 기획사들이 동아시아를 넘어 미주, 유럽, 남미 등의 시장 진출을 위해 이 지역에서의 해외공연을 본격적으로 시작한 시기이며, 국내 지상파 방송사의 음악 프로그램 역시 해외에서 방송촬영을 강행하기 시작한 시기이기도 하다. SM타운의 파리, 미국 LA공연, JYJ 그룹의 남미 공연, 지상파·케이블 방송사의 해외 한류 콘서트 공연 등이 집중적으로 이루어진 시기이다. 또한 2012년 9월부터 시작된 가수 싸이의 미국 시장진출의 성공으로 케이팝에 대한 민족주의적 시각이 더욱 활발하게 생산되고 있기 때문이다.

이시기 한류 관련 일간지, 인터넷 신문기사, 한류 관련 지상파 방송프로그램에 대한 담론분석을 실시하였다. 미디어에서 재현되는 한류 담론을 분석하기 위해 홀(Hall)의 논의를 중심으로 진행하였다. 홀은 '재현'은 선택하고 제시하며, 구조화하고 형태를 만드는 능동적 작업이라고 설명한다. 재현의 분석은 의미가 기표와 기의를 연결하는 의미작용을 통해 구성되는 과정을 살펴보는 작업이라는 것이다. 재현은 중립적이지 않으며 특정 집단의 권력과 이해를 위해 특정방식으로 의미작용할 수 있는 권력이다. 또한 문화가 인간의 '의식'과 '의도'의 산물이라기보다는 역사적으로 일정한 의식형태들을 생산해내는데 매체가 되는 '무의식적'형태들과 범주들로서 상정할 수 있다는 홀(Hall)의 논의와 일맥상통하는 것이라 할 수 있다.

4. K-pop 관련 미디어 사례분석

1) 글로벌화의 지표, K-pop

동아시아에서 인기를 끌기 시작한 한류는 드라마, 영화 등 내러티브 중심의 장르에서 음악으로 이동한 것이 최근 한류의 특징이다. 기존에도 드라마, 영화 등의 OST를 부른 가수들이 인기를 끌기도 했지만, 한국 대중음악이 주목받는 지금과는 큰 차이가 있다. 기존 일본의 J-pop이 그랬던 것처럼, 수출 가능하고 미국 중심의 서구문화에 익숙해져있는 해외 수용자들에게 어필하기 위해서는 한국적인 문화의 특성이 두드러지지 않아야 함을 의미하는 것이 K-pop이다.

초기 한류가 아시아 지역에서 형성될 수 있었던 기반에는 1990년대 아시아 내에서 이루어지기 시작한 탈국가적인(transnational)문화 흐름이 아시아를 하나의 범주로 인식하도록 자극했던 계기가 전제되었기 때문이다. 탈국가적인 미디어와 문화 산업이 확대되면서 아시아인들이 대중문화 상품을 공유할 수 있게 되고, 국민 국가의 경계를 넘어선 새로운 형태의 제작과 수용문화가 형성(Moeran, 2001)되었기 때문이다. 따라서 일본을 필두로 현재 한류가 새로운 형태의 제작과 수용문화로서 교육, 의료서비스, 여가 등을 누리며 현대적 라이프스타일을 영유할 수 있는 도시 중산층의 규모가 아시아 각국에서 확대되기 시작했다는 사실과 무관하지 않다(Otmmazgin, 2005). 도시 중산층의 문화적 욕구를 충족시킬 수 있는 문화시장이 커지고, 특히 젊은 층을 중심으로 현대성을 구현하는 일본이나 한국의 대중문화에 대한 상품의 적극적인 소비가 이루어지면서, 국민-국가 경계 내의 미디어 문화는 더욱 혼성화된다(조한혜정 외, 2003).

실제로 한류 대중문화의 등장 이전에 한국 사회에서 대중문화의 문화적 정체성과 집단적 소속 범주를 말할 때는 오랫동안 대중문화를 '서구'의 절대적 문화 영향권 아래 있는 것, 혹은 '왜색'의 영향이 끈질기게 작용하는 것으로 인식한 적이 있으며, 그와 대비되는 것으로 민족문화를 위치시키는 것이 낯설지 않았다. 또한 대중적 매체 자체를 '민족적 성격'과 '민중적 성격'을 소외시키는 것으로 인식하는 시각도 존재했다. 그러나 한국의 사회 경제적 근대화와 도시화 과정이 일차적으로 일단락되고, 자본주의의 성숙과 대중 사회적 일상 논리가 자리잡으면서 더 이상 대중문화의 국적성에 대한 논의는 의미있는 주제가 되지 못하고 있다. 이것은 대중매체와 대중문화산업 상품의 한국 자체 내 발달이 일정한 수준에 도달했음과 동시에, 한국에서 뿐 아니라 전 지구적인 차원에서 전 지구화를 통한 문화소비 영토의 통합이 상당한 단계에 도달했기 때문이다(송도영, 2006, p. 37~38).

최근 한국 대중문화의 전방위적 영역이 세계화 흐름과 결합되면서 대중문화의 생성과정과 혼종적 특징, 수용자 욕구의 변화 등에 대한 고려보다는 한국의 대중문화가 아시아에 미치는 영향이나 혹은 서구사회에서도 인기를 끄는 문화 생산국으로서의 모습에 집중하는 등 민족주의적, 경제중심주의적 담론이 강화되고 있는 실정이다.

이동연(2005)은 이러한 현상을 문화민족주의로 정의한다. 그는 국가주의적인 개입은 문화를 매개로 동아시아에 일정한 정치적, 외교적 헤게모니를 행사하려는 점에서 문화민족주의적인 성향을 드러낸다고 설명한다. 문화민족주의는 한류에 대한 국가적, 대중적 자부심의 표출로 단순하게 정의하기에는 내적인 구성원리가 간단하지 않다는 것이다. 외형적으로 문화민족주의는 한국 대중문화의 우월감을 국가적인 맥락에서 표출하는 이데올로기로 볼 수 있지만, 그 안에는 민족문화의 정치적 유산의 흔적도 베어있는 데다, 동아시아 내 한국의 경제발전에 대한 자부심도 그 저변에 깔려있기 때문이다. 대중적인 측면에서의 문화민족주의는 한류에 애국적인 반응을 통해 문화저항의 콤플랙스적 개념으로 차용되기도 한다는 것이다. 태도에서 벗어나 적극적으로 '하위 문화제국주의' 지배논리를 설파하는 문화민족주의로 작용하기도 한다. 이는 한류 문화자본이 베트남, 몽골, 필리핀 등과 같은 아시아의 저개발 국가로 유입될 때 두드러지게 나타난다. 드라마를 통해 확산되었던 동아시아에서의 한류는 문화자본으로서, 그리고 하위 문화제국주의 논리를 설파하는 문화민족주의로서 작용했으며, K-pop이라는 장르로의 이동 혹은 확산, 유튜브 등의 플랫폼을 통한 콘텐츠의 확산이 이루어지면서 미국, 유럽 등지로 지역 확장이 이루어졌다. 한류를 통해 확산되었던 문화민족주의적 담론은 동아시아를 넘어 글로벌 지역으로의 확산을 추구하였으며, 이 과정에서 하위문화민족주의적 담론은 초국적 담론과 만나면서 양가적 성격을 띠게 된다. 즉, K-pop의 음악적 스타일과 마케팅 시스템이 초국적인 점은 분명하지만 그 발현지가 세계 팝음악시장에서 주변부인데다, 영어권 국가가 아니라는 점, K-pop의 글로벌 인지도를 국내 미디어와 국민들이 과장해서 인식하고 있다는 점 역시 분명하다. 말하자면 K-pop은 초국적이면서 동시에 국지적이고 국민문화적인 양가성을 가지고 있다(이동연, 2005).

물론 한류를 문화산업적 시각이 아닌 문화담론의 시각에서 바라봤을 때 동아시아 지역에서의 한류의 붐을 탈경계적 문화생산과 소비로 바라보는 시각 역시 공존해왔다. 한류를 소비자들, 수용자들의 적극적 소비와 피드백, 그리고 각 국가별로 차이를 보이는 소비패턴 등을 분석하는 긍정적 담론들도 생산되었다. 하지만 국내 주류 미디어 담론에서 바라보는 한류는 글로벌 문화이자 민족주의적인 시각을 가장 효과적으로 재현하는 대상이다.

"SM 가수들 K-pop으로 pop 본고장에서 미국을 달구다"(한국일보, 2012.5.21)
(MBC KOREAN MUSIC WAVE IN LA-SM TOWN SPECAIL-MBC와 SM의 공동주최)

"SM 타운 공연 LA에서 화려한 시작..미 유명스타 대거 참석"(조이뉴스, 2012.5.22)

"소녀시대 美 뉴욕 신문 1면 장식, K-Pop 스타들의 공습" (스포츠조선, 2011.10.24)

"K-Pop은 멈추지 않는다- 올해 남미로 영역 확대, 아이돌 일색 탈피, 아티스트 · 장르 다양해져"(스포츠한국, 2012.1.3)

위의 기사들은 SM을 중심으로 아시아를 넘어 미주와 유럽에서의 공연이 이루어지면서 글로벌 문화로서의 변신에 성공했음을 적극적으로 설명하고 있다. 특히 미국에서의 공연은 음악관련 유명 인사들의 참석을 알림과 동시에 글로벌 팝 시장의 대표격인 미국시장에서의 런칭에 성공했음을 의미한다. 한국의 대표적 기획사 중의 하나인 SM은 스스로를 K-Pop의 선두주자로 규정하고, 글로벌 시장진출에 성공했음을 알리기 위해 꾸준히 노력해왔으며, 그 대표적 결실이 바로 미국에서의 SM TOWN 콘서트였다. 국내 유명 기획사들은 아시아 시장에서의 성공에 힘입어 서구사회로의 진출을 꾸준히 추진해왔다. 하지만 2012년 하반기, 가수 싸이의 미국 시장 진출의 성공은 기존 아이돌 중심의 K-Pop 가수들의 프로모션 등의 방법이 철저하게 기획사의 준비하에 이루어지는 프로세스에 의문을 가지게 만들었다.

앞서 설명했듯이 K-pop의 생산 · 확산과정과 가수 싸이의 미국시장 진출과정은 기획, 유통과정에서의 차이가 분명하지만 국내 미디어 담론에서 바라보는 시각은 모두 동일한 결론을 내린다. 기존의 아이돌 그룹이 다국적 그룹 구성원, 오디션을 통해 뽑은 연습생들을 대상으로 오랜 시간 이루어지는 혹독한 트레이닝 과정, 언어교육 등 동아시아 지역에서 혹은 미국, 유럽 등 영어권 지역으로의 음악적 수출을 준비해왔다면, 가수 싸이는 국내 시장을 겨냥한 음악이었으며, 가수의 성격도 기존 K-pop 아이돌의 특성과 매치되는 부분이 전혀 없다는 점이다. 이렇게 확연한 차이가 존재하지만 언론에서는 가수 싸이를 해외시장 진출에 성공한 한국의 문화상품으로 보도한다.

　일례로 가수 싸이의 미국시장 진출보도와 함께 싸이가 소속되어 있는 소속사의 주식과 관련한 기사가 급격하게 증가하였다.

> "싸이, YG랑 나눠도 순수익 150억, 정말 대박났네"(TV 리포트, 김혜령 기자, 2012.10.7)"
> "양현석, '싸이 효과'로 주식부자 순위 130위-)49위 '급상승...3402억원"(마이데일리, 2012.10.2)"
> "이수만 밀어낸 양현석, 싸이 효과로 대박쳤다"(2012.10.2. 동아일보.)
> "이수만 2420억, 양현석 2231억, K-pop 주식쇼"(문화일보, 2012.0.27)
> "이수만 한류재벌 등극 주식 최고가..한류 열풍 주도" (TV리포트, 2011.7.14)

　2010년, 2011년 SM 기획사의 미국, 유럽 등에서의 콘서트에 대한 보도, 싸이 관련 유튜브 조회수의 증가, 빌보드 차트 순위 상승 등의 기사와 동반으로 같이 생산되는 경향을 나타낸다. 해외에서의 한국 K-pop의 성공을 확인할 수 있을 뿐만 아니라 경쟁력의 가치를 직접적으로 드러낼 수 있는 수단이 바로 기획사의 경제적 가치다. 이러한 보도 경향은 이미 초기 한류 붐의 등장부터 꾸준히 지속되어왔다. 동아시아 지역에서 한류의 인기는 과거 일본의 문화수입국으로서의 콤플렉스를 극복할 수 있는 수단이자 민족주의를 강화하는 수단으로서 효과적이다. 또한 과거 미국 중심의 서구사회의 글로벌 미디어, 콘텐츠 등의 수입국으로서의 한국의 문화적 위치의 변화는 글로벌 경쟁력을 가진 국가로서의 위상을 세움과 동시에 콘텐츠 생산주체들의 경제적 수익도 보장할 수 있기 때문이다.

2) 한류 육성을 위한 정책 담론: 국가 경쟁력과 민족주의 강조

현재 국내에서 사회 갈등을 봉합하고 민족의 우수성을 강조하기 위해 민족 이데올로기를 동원하는 영역이 바로 '한류 분야'이다. 한류가 국가경쟁력을 유지하는 주요 수단으로 인식되면서 국가예산의 투자와 함께 한류를 주도하는 문화기업의 부를 축적하는 데 더욱 적극적으로 활용되고 있다. 정부와 문화산업은 한류의 경제가치, 한류로 인한 국가 이미지 위상의 제고, 그리고 문화역량의 신장이라는 '문화외교' 측면에서 한류 관련 정책들을 활성화시키고 있다. 동시에 이들은 '소프트파워'로서 한류의 경제적 효과를 더욱 고양하기 위한 발전전략을 기획, 선도하고 있다. 초기 드라마를 중심으로 형성된 한류붐에 맞춰 한류관광객들을 유치하기 위한 '한류체험관'이 만들어졌으며, 케이팝으로 다시 한류의 붐을 맞고 있는 문화체육관광부는 2012년 1월 한류문화진흥단을 출범, 한류문화진흥단을 이끌 한류문화자문위원회를 2012년 4월 구성하였다. 한국문화산업교류재단은 2012년부터 〈한류동향보고서〉를 통해, 아시아, 미주, 유럽, 남미 등의 지역을 대상으로 한류의 현황관련 데이터를 꾸준히 생산하고 있다. K-pop 등의 음악뿐만 아니라, 음식, 관광분야 등 '한류'라는 키워드를 통해 경제적 수익창출과 한국의 국가 이미지 형성에도 큰 영향을 미치는 한류보급 현황 전달을 통해 한류정책담론을 형성하고 있다. 문화체육관광부는 홈페이지에 한류관련 소식 창구로 '한류마당'을 개설하였으며, 해외 한류 소식, 한류문화원, 한류 행사, 한류관련 다양한 동향소식 등을 전달하고 있다. 또한 한류/한국문화/한국 이미지에 대한 현주소를 파악하고, 향후 한류콘텐츠 확대 및 한국 이미지 제고에 필요한 전략 수립의 기초 자료 작성을 위한 목적으로 〈한류와 한국이미지 조사〉(2012)를 국내

거주 유학생과 해외 9개국의 수용자를 대상으로 조사를 수행하였다. 코트라 (KOTRA)는 2011년에는 한류의 글로벌 시대를 맞이하여, 경제적 효과를 높이기 위해서는 한류 진출단계에 적합한 시장별 맞춤 전략이 필요함을 설명하며, 전 세계 94개 KBC를 통하여 조사한 '글로벌 한류동향 및 활용전략'을 발간하고, 한류시장을 진출단계별로 구분하였으며, 진출단계에 따른 기업의 지원방안을 제시하였다.

조사결과 최근 한류의 트렌드로는, 첫째, 지역적으로는 일본·동남아에서 유럽, 중남미, 중아아시아로 확대, 둘째, 분야별로 드라마, 영화가 이끌던 한류는 K-Pop 중심의 신 한류가 가세하면서 시너지 효과를 내고 있으며, 기존 중장년에서 청소년층으로 수용자층이 두터워지고 있다. 셋째, 해외 팬들이 한류를 접하던 주요 경로가 방송사의 한국 프로그램에서, 유튜브, 페이스북, 트위터 등의 SNS 매체들로 변화되면서 콘텐츠가 동시다발적으로 빠르게 전파되고 있음을 제시하였다.

따라서 정부산하기관에서 발행되는 보고서들을 통해 '한류'라는 키워드를 통해 한국 브랜드 가치를 높일 수 있는 방안확보를 마련하려는 담론을 형성하고 있으며, 싸이의 미국시장진출의 성공과 전 세계에서의 인기를 통해 한국의 소프트파워의 강화에 주력하고 있음을 강조한다. 이에 따라 미디어에서도 음식, 한복, 의학, 지방자치단체까지 합세하면서 한류마케팅에 열을 올리고 있다.

"소녀시대와 의료 한류, 가능성을 쏘다"(동아일보, 2012.2.2), "프랑스 한류 열풍 한눈에, 아리랑 TV, 한국주간행사, 한류상품박람회 방영"(디지털타임스, 2011.12.11)

"이제는 정책한류다"(국민일보, 2012.4.19), "일본긴장시킨 '한류경제'"(동아일보, 2012.3.26)

"이수만 SM엔터 회장 IT CEO 포럼 세미나 강연-인터넷 실명제 없이 불법 다운로드 근절 안 된다"(한국일보, 2011.11.24)

"한류 아이돌 군단과 디지털 첨단 기술이 만나다"(조선일보, 2012.8.19)

"'강남 스타일', 韓 국가브랜드 높여", (아시아 경제, 김영식 기자, 2012.10.9)

　　2012년 8월 진행된 'SM 아트 익시비션 인 서울(SM Art Exhibition in Seoul)' 행사는 글로벌 시대 가장 경쟁력 있는 아이템인 K-pop과 디지털 기술의 결합을 통해 한류를 부각시키려는 가장 대표적인 행사였다. 국내 거대 기획사 중의 하나인 SM은 회사의 경제적 가치를, 디지털 기술관련 기업 주체들, 국가 정부기관 모두 이 행사가 한국의 이미지 홍보와 경제적 수익을 얻을 수 있는 행사임을 알리기 위해 많은 신문기사를 통해 홍보하였다. 한류의 이미지를 첨단 테크놀로지와 결합된 세련된 문화상품으로 인식시키기 위한 이벤트였다.

　　정리하자면 한류문화상품을 어떻게 다양한 분야로 확장시킬 것인가에 대한 논의가 최근에는 한류상품 관련 저작권 문제, 한국의 테크놀로지 산업 관련 경제적·산업적 분야의 효과를 강화하기 위한 방안 강화 등 전략적 차원에서 한류에 대한 논의가 이루어지고 있다.

　　이뿐만 아니라 싸이가 미국 시장진출에 성공한 2012년 하반기에는 '한류'라는 타이틀을 걸고 진행되는 지방자치단체의 행사들이 눈에 띄게 증가했다. 2012년 10월 18일 일본 오키나와 셀룰러 스테디움에서 열린 패션콘서트 〈K팝 컬렉션 인 오키나와〉(SBS주최), 2012년 10월 28일 경남 창원의 〈K-pop 월드 페스티벌〉 등이 개최되었다. 해외에서의 K-Pop 공연도 꾸준히 늘어나고

있으며, 서울시에서는 K-Pop 전용 공연장을 건립하기 위한 계획을 공표하기도 하였다.[6]

글로벌 문화를 표방하고 있지만, 대표적 연예기획사나 정부기관은 민족주의 정서를 통해 국내의 관심과 지지를 이끌어내고자 한다. 따라서 지속적으로 미디어를 통해 재현되는 K-Pop 가수들의 활동은 성공한 글로벌 스타 혹은 그 가능성이 매우 높은 대상으로 자연스럽게 받아들이게 된다.

3) 엔터테이너에게서 재현되는 유연한 민족주의: 한국 경쟁력의 지표, K-pop

해외에 진출, 자유로운 언어구사력과 현지 적응력으로 글로벌 시대 뛰어난 인재일뿐만 아니라 코스모폴리탄으로서 재현되는 인물로서는 바로 가수 싸이를 들 수 있다.

물론 이러한 담론형성은 꾸준히 지속되어왔다. 일본에서 활동하는 한류 가수들, 혹은 배우들은 일본어, 중국어, 영어 등을 자유롭게 구사하는 모습을 보여주었다. 뿐만 아니라 아시아 지역에서 활동하는 연예인들의 모습은 '예의바르고, 정직한' 아시아인들의 이미지와 욕구를 충족시켜줄 수 있는 모습에 맞춰져 있었다. 팬 미팅에서 팬들의 정성에 눈물을 흘리는 모습은 쉽게 볼 수 있는 장면이다.

하지만 싸이의 이미지는 기존의 한류 스타들과는 차이를 보인다. 싸이는 국내에서는 '악동' 혹은 '사고의 아이콘'으로 인식되어 왔다. 그의 노래가사와 무대 위의 퍼포먼스가 그렇고, 병역 비리 문제로 군대를 두 번 갔다온 점이나 대마초 사건 등 가십 기사에서 자주 목격되었던 인물이었다. 그런 그가 최근

---

6) "박원순 시장, K-Pop 전용 공연장 적극추진", YTN, 2012년 10월 29일.

미국 시장 런칭에 성공하고 유명 기획사 매니저와 계약을 맺으면서 다른 이미지로 인식되기 시작하였다. 싸이가 해외에서 활동한 시간은 짧으나 미디어에서 재현되는 싸이의 위상은 글로벌 시장에서 성공한 엔터테이너로서 묘사된다. 현재 싸이의 노래 '강남스타일'은 유튜브를 타고 전 세계로 흐르며, 폭발적인 인기를 끌고 있다. 짧은 시간에 자신의 음악만으로 인터넷에서 높은 조회수를 기록할뿐만 아니라 뮤직비디오의 패러디 동영상, 혹은 전 세계적인 플래시 몹이 끊임없이 업데이트되면서 더욱 주목받고 있다.

2012년 9월 21일 MBC에서는 'MBC 스페셜-싸이 GO'를 방송했으며, 동시간대 시청률 1위를 나타내었다. 한국 내에서도 싸이에 대한 관심이 얼마나 큰지를 확인할 수 있는 사례일 것이다. 방송에서는 미국시장에 진출해 다양한 프로그램에 출연하는 싸이의 미국 생활을 밀착 취재, 보도하였다. 이후 싸이는 미국활동을 잠시 접고 한국으로 돌아와 미리 예정되어있던 대학축제를 모두 참가하는 모습을 인터넷 뉴스와 방송에서 모두 다루었다. 국내에서의 높은 관심과 자신의 미국 시장진출의 성공에 공을 국민에게 돌리며 10월 4일 시청에서 무료 공연을 하기도 했다. 이날 8만 명이 넘는 시민들이 함께 했고, 싸이의 공연은 다양한 채널을 통해 보도되었다. 지금 싸이의 성공은 곧 한국의 성공이라는 공식이 성립할 만큼 국위선양에 큰 공을 세운 한국인으로 인식되기에 충분하다.

"싸이 시청공연 동영상, 미 백악관 유튜브에도"(마이데일리, 2012.10.10)
"싸이 시청광장 콘서트도 유튜브 조회수 700만 건 돌파"(동아일보, 2012.10.9)

시청광장의 싸이 콘서트를 많은 미디어 매체에서 다루었으며, 241개국에서

이 동영상을 조회하였을뿐만 아니라, 다양한 해외 매체에서도 높은 관심을 보였다. 싸이의 시청광장 공연은 싸이의 노래 '강남스타일'이 미국 빌보드 차트 2위를 기록하면서 이루어진 것이다. 이후 유럽지역에서도 싸이의 노래가 1위를 기록하면서 국내 가수였던 싸이는 하루아침에 '글로벌 가수'로서 역할을 부여받게 되고, 국위선양을 위해 미국시장에서 성공해야만 하는 혹은 기대하게 되는 대상으로 인식되었다.

이를 반영한 사례가 싸이가 잠시 한국에 귀국해 미리 예정되어있던 대학축제 등의 행사참여를 보도했던 국내의 여론이었다. 싸이가 국내의 작은 시장에서의 약속을 지키는 것보다는 글로벌 시장의 상징적 장소인 미국에서의 활동에 집중해야 한다는 여론이 등장했다.

"싸이가 지금 대학축제 불려다닐때야? 네티즌 갑론을박", (조선일보, 2012.10.3)
"싸이, 대학축제 출연에 누리꾼 '국격'논란" (한겨레, 2012. 10.3)

빌보드차트 1위 달성을 눈앞에 두고 있는 가수 싸이가 해외 활동을 중단하고 국내에서 대학 축제에 출연하는 것을 두고 네티즌 사이에서 논쟁이 벌어졌다. 일부 네티즌이 싸이가 귀국한 뒤 미국 내 '강남스타일'의 방송 횟수가 감소해 '대세' 분위기가 식고 있다는 우려를 내놓았기 때문이다. 논쟁은 2012년 9월 30일 한 네티즌이 한 포털 사이트 토론방에 "싸이가 지금 대학축제 불려 다녀야 할 때인가"라는 글을 올리면서 시작됐다. 'Beck'이라는 닉네임을 사용하는 이 네티즌은 "전 세계가 싸이를 보려고 난리가 났는데, 세계 정복을 앞둔 중요한 때 돌연 귀국해 대학 축제를 다니고 있다니 참으로 김빠진다. 챔피언 스리그를 앞둔 박지성이 동네 조기축구하러 귀국한 꼴"이라고 주장했다. 그는 또 "싸이 측이 귀국 전 국내 대학 축제에 불참 요청을 했으나 받아들여지지 않았다"고 지적했다. 곧이어 반박 글도 올라왔다. 닉네임 '상한갈대'는 "그놈의 국격 타령 좀 그만하자"는 제목의 글을 올려 "싸이가 이룬 성과를 폄하할 생각은 없지만, 그건 싸이 개인이 축하받을 일이지 우리가 '대한민국 만세'를 외칠 일은 아니다"라고 반박했다. 이 네티즌은 "미국에서 인기를 끈다고 원래 잡혀 있던 국내 일정을 취소하고 미국 투어를 한다면 그것이야말로 서구 사대주의"라며 "싸이의 성공을 축하해주고, K팝도 세계 시장에서 통할 수 있다는 가능성을 보여준 것으로 만족하자"는 상반되는 글들로 시작된 논쟁이 싸이의 '강제출국' 논란까지 일으켰다.

위의 사례에서도 알 수 있듯이, 싸이의 미국에서의 활동은 한 가수의 성공이 아닌 한국 국민의 성공으로 인식되고 있다. 싸이는 한국의 3대 기획사 중의 하나인 YG 엔터테인먼트 기획사 소속의 가수이기도 하지만 미국의 스쿠터브라운과 매니지먼트 계약을, 유니버설 리퍼블릭 레코드사와 한국과 일본을 제외한 전 세계의 음반유통계약을 체결했다. 가수 싸이의 미국 시장 진출 성공은 개인의 성공에서 국가의 성공으로 확장되었고, 코스모폴리탄으로서의 글로벌 시민으로 인식되고 있다.

"강남 스타일의 위력은 어느 정도?", 경향신문, 2012. 9. 27.
"싸이. 구글회장과 '말춤'..한국의 영웅", 2012.9.27. 연합뉴스

위의 기사에서도 알 수 있듯이 이제 국내의 여론에서는 싸이를 '한국의 영웅'이라고 부르는 데 주저하지 않는다. 미국의 유명 셀러브리티들과 어깨를 나란히 하는 싸이는 '유연한 민족성'을 부여받는다. 옹(Ong, 1999)은 변화하

는 정치경제적 조건들에 유연하고 기회주의적으로 적응하는 주체를 만들어 내는 자본주의적 축적, 여행, 이동의 문화적 논리로서 '유연한 시민권'의 개념을 제안한다. 한국의 대학축제에서 공연을 하고 시청에서 국민들의 응원에 감동하는 모습을 보여주던 싸이는 바로 며칠 후 미국 유명 토크쇼나 음악 프로그램에 출연해 글로벌 스타로서의 면모를 보여준다. 또한 미국의 유명 토크쇼에서 수동적인 아시아인으로서의 모습이 아니라 유창한 영어실력, 자신이 한국인임을 자랑스러워하는 싸이의 모습은 한국 국민들에게 감동으로 전달된다.

기존의 K-pop 가수들의 유럽과 미국 등에서의 활동은 주로 콘서트 현장에서 열광하는 팬들을 보여주는 데 집중했었고, 미국시장 진출에서는 서로 다른 문화와 언어의 장벽으로 부자연스러운 모습들을 보였던 것과 달리, 싸이는 미국과 한국에서의 활동을 유연하게 이어나간다. 이렇게 싸이는 자유로운 이동성과 함께, 미국과 한국의 문화차이를 극복하고 모두를 수용할 수 있는 문화적 능력을 갖춘 인물로 재현됨으로써 탈경계적 국적을 지닌 개방적이고 유연하며 관대한 '세계시민(cosmopolitan)'으로서 재현된다. 또한 싸이는 민족주의적 언행을 꾸준히 보여줌으로써 민족적 주체로서 대중들에게 인식된다.

앞서 살펴봤듯이 한 포털 사이트의 토론방에서 야기된 싸이의 국내활동의 찬반논쟁을 미디어에서 다룸으로써 미국시장 활동에 집중할 것을 우회적으로 다룬다. 그뿐만 아니라 싸이의 잠깐의 귀국과 음악활동 역시 민족주의적 시각에서 재현한다. 시청광장에서의 무료 공연, 서울시의 적극적 지원, 싸이 공연을 보기 위해 시청광장에 모인 8만 명으로 추정되는 일반시민들, 그리고 이러한 현상을 보도하는 미디어 담론이 결합되면서 싸이는 글로벌 시민이자,

한국의 위상을 전 세계에 알리는 엔터테이너로 인식된다.

또한 해외의 기사를 인용함으로써 한국의 브랜드 가치와 함께 민족주의를 강조하는 데 활용한다. 일례로 미국 시사주간지 〈뉴욕커〉의 기사 'Cultural technology and the making of K-pop'(www.newyorker.com)에서는 한국의 케이팝 문화에 대한 중국의 반응을 비교하는 내용을 기사화하였으며, 국내 일간지에서는 이 기사를 재인용하며 내용을 전하였다. 그리고 인용한 해외 기사의 주요 내용이 중국인들이 한국의 케이팝 열풍에 분개하고 있으며, 왜 중국에서는 '강남스타일' 같은 음반을 만들지 못하는가에 대한 분석이라고 전했다(서울신문, 2012.10.8).

실제로 이 기사의 원제목은 'Factory Girl'이며 부제가 'Cultural technology and the making of K-pop'이다. 존 시브룩(John Seabrook)이 쓴 이 글은 중국의 반응이 주가 아니다. 한류의 발전과정, 한류를 주도하는 주체들, 현재 미국에서 활동하고 있는 K-pop 가수들에 대한 소개 등 전반적인 한류에 대한 소개글이라고 할 수 있다.

즉, K-pop을 주도하는 한국 내의 주요 기획사에 대한 소개와 한류가 한국정부의 주도하에 프로모션 되었으며, '한국의 소프트 파워'를 상징하는 문화콘텐츠라고 설명한다. SM, JYP, YG 등의 거대 엔터테인먼트 기업 중심의 아이돌이 K-Pop의 주요 인기를 끌고 있으며, 아시아 지역뿐만 아니라 미국, 유럽 등에서의 한류의 스케치, 그리고 현재 한국의 거대 기획사가 어떻게 아이돌 그룹을 기획, 제작하는지에 대한 과정과 현재 소속되어 활동하고 있는 그룹 멤버들과의 인터뷰 내용, 한국 거대 연예기획사에 대한 설명 등 한류에 대한 히스토리와 관련된 다양한 내용들이 정리된 아티클이다. 그러나 국내 신문기사에서는 〈뉴욕커〉의 기사를 인용하며, 경제적으로는 중국이 앞서고 있지만, 소프트 파워, 문화파워로는 한국이 우위를 차지하고 있다는 내용만 보도함으로써 해외 언론도 주목하는 한류의 파워로 끝을 맺는다.

지난 2012년 12월 15일 MBC 〈무한도전〉에서는 해마다 진행하는 기획 프로그램 '달력 배달'편 방송에서는 국내 배송뿐만 아니라 해외 시청자들을 직접 만나 달력을 배달하는 내용을 다뤘다. 미국, 베트남, 러시아로 해외배송을 실시했는데, 여기서 흥미로운 내용이 방송되었다. 미국 뉴욕 편에서는 달력배송을 간 방송인 노홍철을 만나기 위해 가수 싸이가 직접 헬기를 타고 뉴욕에 오는 장면이 방송된 것이다. 싸이는 노홍철과 통화를 하면서 자신이 필라델피아에서 뉴욕으로 헬기를 타고 이동할 것이며, 착륙장에서 만나기로 약속을 한다. 그리고 노홍철은 VIP들만 이용하는 착륙장에서 가수 싸이를 기다린다. 그리고 그들은 곧 만나게 되는데, 뉴욕에 온 무한도전팀과 대조적으로 싸이는 고급 세단을 타고 이동할뿐만 아니라 보디가드도 등장한다. 그리고 곧 이동한 장소 '타임스퀘어'에서 싸이를 알아보는 사람들을 보여준다.

물론 예능 프로그램이기 때문에 코믹한 요소들이 곳곳에 배치되어 있지만, 한국을 세계에 알리는 글로벌 스타로서의 가수 싸이가 실제로 미국에서 어떠한 대우를 받으며 활동하고 있는지를 직접 확인할 수 있었기 때문에 국내 언론과 시청자 모두 싸이의 출연에 큰 관심을 보였다.

"무한 택배 싸이 등장속 美부터 러시아까지..웃음 + 감동"(2012년12월 16일, 스타튜스), "싸이, 헬기타고 '무도'깜짝 등장..'형 출세했어'"(스타뉴스, 2012년 12월 16일), "무한 도전 감동과 재미를 배달하다"(스포츠 서울, 2012년 12월 16일).

물론 싸이의 미국 성공기는 충분히 흥미로운 사례이다. 하지만 국내 미디어 담론에서 형성되는 주요 내용은 싸이의 성공담에만 초점을 맞춘다. 미국 사회에서 한국말로 된 싸이의 노래가 인기를 끌 수 있는 미국의 문화수용 환경의 특징과 미국 대중문화의 특징도 함께 바라보려는 노력보다는 한국의 문화를 널리 알리는 문화사절단으로서만 싸이를 바라보고 평가하는 점은 국내 미디어 담론의 큰 한계이다.

5. 현재적 한류를 바라보기

연구자가 미국 어바나 샴페인 일리노이 대학에서 2012년 연구자로 머물면서 리서치를 하는 동안 미국에서 한국 가수 싸이가 큰 인기를 끌었다. 라디오에서 '강남스타일'을 자주 들을 수 있을 뿐만 아니라, 어바나 샴페인 일리노이 대학교 교정에서 학생들이 '강남스타일'로 플래시몹을 하는 사례도 목격했다.

갑작스럽게 한국의 문화가 미국 내에서 큰 인기를 끈 사례를 어떻게 분석해야 할지 당황스럽기까지 했다. 미국의 주요 토크쇼에서도 싸이가 출연해 그의 노래를 부르고 대화를 하는 모습을 자주 보게 되었기 때문이다. 그리고 가수 싸이는 현재까지도 미국 내에서 유명 스타로서의 행보를 계속 이어가고 있다.

"고급스럽게 입고 유치한 말춤… '뼛속까지 B급'이 미 주류를 흔든다"(한겨레 2012.9.27).

위의 기사에서는 가수 싸이가 미국에서 인기를 끌 수 있었던 이유를 그의 뮤직비디오에서 보여주었던 이미지들이 큰 역할을 했다고 보았다. 실제로 싸이의 음악은 코믹하고 우스꽝스런 뮤직비디오에서의 퍼포먼스가 큰 특징이며, 이와 더불어 빠르게 동영상을 전송하고 반응을 확인할 수 있는 유튜브를 통해 전 세계로 확산된 것도 인기의 주요 요인이다. 쉽게 따라할 수 있는 퍼포먼스와 신나고 세련된 음악은 언어가 달라도 음악을 즐겨 듣기에 문제가 없었기 때문이다.

따라서 가수 싸이가 이렇게 큰 반응을 일으키게 된 데에는 싸이의 뮤직비디오가 담아내고 있는 대중문화코드, 음악 스타일의 특징과 함께 그의 뮤직비디오를 전 세계의 수용자들에게 실어날을 수 있었던 유튜브, 그리고 싸이의 소속사인 YG 팬덤의 파워, 싸이 개인이 가지고 있는 퍼스낼리티, 그리고 무엇보다도 K-pop이 이미 전 세계에 확보하고 있었던 글로벌 팬덤 등의 복합적으로 결합되고 상호작용하면서 만들어낸 것이다.

1990년대 후반 한류가 형성된 이래, 지금까지 국내에서 형성된 한류 담론에 대한 다양한 논의가 있었다. 문화민족주의적, 경제중심주의적 담론이 형성되면서 아시아 지역의 수용자들이 가지고 있는 문화소비과정의 맥락이나 문화실천에 대한 논의가 누락되는 것에 대한 우려도 있고, 현재의 '한류'를 통해 문화수입국이 아닌 문화수출국으로서의 자리를 확고히 함으로써, 한국의 문화파워를 경험할 수 있을 것이라는 긍정적 기대도 있다. 또한 아시아 지역에서의 한류의 인기를 '문화적 근접성'만으로 혹은 '아시아인'이라는 인종적 특징만으로 설명하거나 혹은 문화생산의 우위성만을 설명하려는 시각과 이를 우려하는 비판적 담론도 존재한다.

소셜 미디어를 타고 아시아 시장을 넘어 전 세계로 확장되고 있는 K-pop 현상은 분명히 흥미로운 현상이기는 하지만 주류미디어에서 반복되는 민족주의적, 경제중심주의적 시각은 지양되어야 할 것이다. 현재 문화의 소비 패턴은 이미 '초국적 소비'가 주를 이루고 있다. 그리고 초국적 대중문화는 국가의 경계를 쉽게 넘어서는 대중문화 텍스트의 물화되어 있는 내용의 특징을 지칭하는 것이 아니라, 국가의 경계를 넘는 과정에서 나타나는 문화적 실천의 국면이자 과정으로서 봐야한다(김수정, 2012).

따라서 한류문화가 담고 있는 문화적 특징, 그리고 이를 소비하는 수용자들의 문화실천적 활동, 그 과정에서 생산되는 문화현상 등이 복합적으로 결합되고 절합되어 의미를 생산하는 과정을 분석하고, 의미를 담아내려는 노력이 꾸준히 이어져야 할 것이다.

참고문헌

김수정(2012). 「'민족'과 '경제'렌즈 빼놓고 제대로 들여다보자: 문화 탈중심화 사건으
　　로서의 한류」. 『신문과 방송』 6월호, 한국언론진흥재단, pp. 6~11.

박명진(1989). 『비판커뮤니케이션과 문화이론』. 나남.

손승혜(2011). 「한류 수용의 로컬 콘텍스트와 글로벌 팬덤의 형성: 코리안커넥션 사
　　례분석」, 『미디어 경제와 문화』, 10권 1호, pp. 45~85.

송도영(2006). 「한국 대중문화의 혼성적 형성과정과 한류문화담론」. 담론201. 9(4),
　　pp. 35~74.

심두보(2006). 「싱가포르의 한류와 디아스포라적 드라마 수용」. 『방송문화연구』.
　　2006년 제18권 1호, pp. 61~87.

양은경(2012). 「스포츠 선수의 초국적 이동과 유연한 민족정체성: '국가경쟁력으로서
　　의 박지성'에 대한 미디어 담론 분석」. 『한국언론학보』 56권 4호, 2012년 8월,
　　pp. 80~104.

에르네스토 라클라우 · 샹탈 무페, 이승원 역(2012). 『헤게모니와 사회주의 전략』. 후
　　마니타스.

윤재식 · 박영일(2011). 「신한류와 방송콘텐츠의 글로벌화 방안」. 한국방송학회 세미
　　나, pp. 7~25.

이기형(2006). 「담론분석과 담론의 정치학」. 『언론과 사회』, 가을 14권 3호, pp.
　　106~145.

이동연(2012). 「한류 미디어 담론의 불편한 진실」. 『신문과 방송』 6월호, 한국언론진
　　홍재단.

_____(2005). 「한류 문화자본의 형성과 문화민족주의」. 『문화과학』, 통권 42호, pp.
　　175~196.

이동후(2006). 「텔레비전이 재현하는 아시아」. 『방송문화연구』. 2006년 제18권 1호,
　　pp. 9~35.

이영효(1983). 「민족미술의 행명과 현실」, 『문학과 예술의 실천논리』. 실천문학사.

하윤금(2006). 「한류의 안정적 기반 구축과 방송 연예 매니지먼트 산업의 개선을 위한 해외 사례 연구」. 한국방송영상산업진흥원.

허진(2005). 「한류 확산을 위한 지상파 방송의 역할과 과제」. 한국언론학회 연구보고서.

Crossley, N.(2005). *Key concepts in critical social theory*. London : Sage.

Moeran, B.(2001). *Asian Media Productions*. London: Curzon Press.

Otmmazgin, N.K.(2005). *Cultural Commodities and Regionalization in East Asia*. Contemporary Southeast Asai, 27-3, pp. 499~523.

Phillips, L. & Jorgensen, W.(2002). *Discourse analysis as theory and method*. London : Sage.

6장
문화이동의 지형학
글로컬라이제이션

1. 초국적 문화수용으로서의 K-pop

최근 '한류' 혹은 'K-pop'과 함께 연상되는 것은 아마도 가수 싸이가 아닐까 싶다. 한국의 대중문화가 아시아 지역에서 나타내는 문화적 헤게모니와 수용과정을 지구화, 탈국가주의와 상업화된 문화적 혼성성 간의 접합이라는 시각에서 한류 혹은 K-pop을 설명할 수 있다면, 현재의 가수 싸이의 서구사회에서의 성공을 미국식 대중문화의 문법과 장르를 능동적으로 전유한 하나의 성공사례로 볼 수 있을 것이다.

'강남스타일'은 '한국어'로 된 노래이지만, 음악적 비트와 특징은 미국이나 유럽의 대중들에게도 익숙한 일렉트로닉 스타일이며, 그의 뮤직비디오는 코믹한 요소를 처음부터 끝까지 밀고 나가기 때문에, 국가, 문화, 인종 등의 차이에 상관없이 수용할 수 있는 대중음악이다. 즉, 문화적 차이가 유발하는 불편함이 '강남스타일'에서는 크지 않다.

현재 가수 싸이는 대중문화시장의 대표격인 미국에서 꾸준히 미디어에 노출되며 활동을 하고 있고, 전 세계를 대상으로 음악활동을 계속하고 있다. 이와 같은 그의 활동은 기존 한류 스타들이 아시아 지역에서 활동해왔던 것과는 분명히 구분된다.

2012년 하반기 '강남스타일'의 발표 이후 미국 빌보드 차트, 영국 차트에서도 높은 순위를 기록했으며, 2012년 11월 19일 LA 노키아 극장에서 열린 아메리칸 뮤직 어워드(American Music Award)에서는 히트곡 '강남 스타일'을 미국의 힙합 가수 MC 해머와 함께 콜라보레이션 무대로 피날레를 장식했다. 같은 해 11월 11일 열린 '2012 MTV 유럽 뮤직 어워즈' 베스트 비디오상 수상에 이어 아메리칸 뮤직 어워드(AMA)에서 올해 처음 마련한 '뉴 미디어상'을 차지하기도 하였다.

어떻게 이렇게 짧은 시간 안에 그는 큰 인기를 얻을 수 있었을까? 싸이는 2012년 여름 유튜브에 새 음반 홍보를 위해 '강남스타일' 뮤직 비디오를 공개한 이후 몇 개월 만에 전 세계에서 주목받는 세계적인 가수가 되었다. 미국뿐만 아니라 전 세계에서의 성공에 대해 여러 가지 분석이 나오고 있지만, 딱히 합리적으로 설득이 되는 비평글을 국내·외 모두 찾기는 어렵다. 그만큼 현재 싸이의 전 세계적 열풍은 예상밖의 현상이다.

흥미로운 점은 연구자가 2012년 미국 일리노이 어바나 샴페인 대학에서 K-pop 관련 연구를 진행하면서 만난 코리안 아메리칸(Korean-American)들의 반응이었다. 가수 싸이에 대해서는 아시아 남성의 우스꽝스런 모습이 대중적으로 인기를 끄는 것에 불편함을 느끼거나 혹은 한국어로 된 노래가 미국에서 크게 인기를 끄는 것에 관심을 보이는 대조적 반응을 나타냈다.

미국의 문화와 한국의 문화를 모두 가지고 있는 코리안 아메리칸들의 경우 이중적 정체성을 가지고 있기 때문에, 한국 내에서 형성되는 한류 관련 주류 담론과는 입장차이를 보였다. 그들은 미국에서 성장했기 때문에 미국의 문화에 더 익숙하고, 한국의 대중문화에 대해서는 객관적 입장에서 수용하는 경향이 강했다. 어쩌면 당연한 현상이라고도 볼 수 있으나, 코리안 아메리칸들은 온전히 미국문화에 친숙한 입장도 아니며, 한국문화에 대한 친숙한 입장을 보이기도 어려운 그런 중간적 입장에 놓여있기 때문이다. 미국의 경우 이렇게 이중정체성을 가진 대중들이 인구 구성의 많은 부분을 차지하고 있으며, 그들에게는 서로 다른 문화를 수용하거나 결합된 또 다른 문화를 생산하는 것은 자연스러운 현상이다.

한국의 경우 최근 몇 년 사이 '다문화' 혹은 '혼종성' 문화에 대한 관심이 급격히 증가하였지만, 미국의 경우 다양한 인종, 국적을 가진 사람들이 모여 살아가는 국가이기 때문에 '다문화주의'에 대한 중요성에 대한 강조 혹은 문화정책의 반영 등이 한국과는 다르다. 따라서 '다른' 문화적 특성을 수용하는 방식에 있어서 '단일민족'을 오랜 시간 강조해온 한국사회와는 차이를 보인다.

물론 미국의 인종통합은 미국사에서 국가 정책의 당면과제였다. 오랫동안 미국을 대표한 '용광로(melting pot)'라는 상징은 이를 잘 보여준다. 하지만 그러한 상징 아래의 인종정책은 백인 중산층 중심의 동화주의 성격이 강한 것이었다. 즉, 정책의 기조는 흑인이나 소수민족의 문화를 그대로 인정하기보다는 이들을 어떻게 미국의 주류문화에 통합시킬 것인가에 초점을 맞추고 있었다. 따라서 인종적, 민족적 배경을 가진 시민들은 백인 주류사회에 통합하기 위해 자신의 문화정체성을 무시당하거나 혹은 일정하게 포기해야만 하는 상황을 감수할 수밖에 없었다. 1960년대 미국의 시민권 운동은 그 동안 시행되었던 미국의 동화주의 정책이 한계에 이르렀음을 알린 사건이었다. 이는 식민시대 초기에 영국계 백인들을 중심으로 형성된 미국 주류문화의 중심성에 위기를 가져왔으며, 인종정책과 관련하여 새로운 통합의 길을 모색하게 만들었다. 시민권

운동은 이후 미국 내의 히스패닉계, 아시아계, 라틴계, 인디언 등의 다양한 민족 집단의 권리운동이 활성화되는 데에도 많은 영향을 미쳤다.

그런 미국의 대중문화에서 한국의 가수 싸이가 주목받은 것을 어떻게 봐야할 것인가? 앞서 언급했듯이, 미국의 대중문화는 전 세계에서 인기를 끌거나혹은 그럴 수 있는 가능성이 큰 문화코드를 미국 내의 대중문화에 수용하는데 매우 능숙하다. 가수 싸이 역시 이러한 현상 중의 하나로 봐야 할 것이다.

2. 세계성과 지역성의 변증법적 결합

과거에는 미국 중심의 서구문화가 일방적으로 유통됨에 따라 문화주류를형성하지 못하는 국가의 문화는 서구사회의 문화에 묻히게 되고 또한 자국의 자생적 문화를 형성하기 어렵다는 시각이 지배적이었다. 그러나 최근 소셜 미디어의 대중화, 교통의 발달, 교육 혹은 여행의 보편화 등으로 인구이동역시 더욱 확장됨에 따라 복합적 문화경험이 더욱 보편화되었고, 미디어 등을통해 전달되는 문화의 소비와 일방적 문화유통에 대해 반대하는 시각이 나타났다.

피에터스(Pieterse, 1995)는 세계화는 단순히 서구에 의한 문화의 동시화(synchronization)와 표준화가 아니라 문화적 관습의 새로운 결합이라고 주장하였으며, 문쉬(Munshi, 2001)도 미디어를 통해 전달되는 문화의 세계적흐름은 지역문화에 대해 세계적이고 획일화된 효과를 갖는 것이 아니고, 지역문화는 다양한 방법으로 세계적 문화흐름에 반응한다고 주장하는 등 지역문화의 자율성을 강조하였다. 또한, 홀(Hall, 1991)은 세계성은 지역성을 형성하며 동시에 지역성에 의해 재형성된다고 보았다. 변증법적 대립은 세계와 지역 사이에 항상 존재하는데, 이 둘은 지속적으로 서로를 해석하려고 한다. 따라서 지역적인 것이 세계적인 것 속에 있고, 세계적인 것이 지역적인 것 속에 있는 세계와 지역의 결합으로 역동적인 세계화 과정을 이해해야 한다고 주장한다.

세계화에 대한 논의가 변화된 된 데는 글로벌 미디어 기업의 전략 변화도 영향을 미쳤다. 해외 진출 초기에 주로 표준화 또는 세계화 전략을 선택하였던 글로벌 미디어 기업들은 현지 미디어 산업의 성장으로 인한 경쟁 심화로 그들의 미디어 상품을 현지에 맞게 적용시켜야 할 필요를 느끼게 되었고, 각 지역 정부의 규제나 제도에 부합하면서 현지 수용자들에게 적절한 콘텐츠를 제공하는 데 관심을 갖게 되었다. 따라서 현지화의 필요성을 인식한 글로벌 미디어 기업들은 표준화된 미디어 상품을 수출하기보다는 글로벌 콘셉트를 유지하면서 현지의 문화를 반영하는 글로컬화된 상품들을 내놓게 되었다.

글로벌 미디어 기업들은 커뮤니케이션의 세계화와 미디어의 세계화를 실현시키는 선두주자들이다. 인터넷과 디지털로 대표되는 정보화 사회에서 글로벌 미디어 기업들은 통신과 방송사이의 전통적 경계영역을 허물며 매체간 융합을 추진했으며, 기업 인수합병, 제휴관계를 통해 매체구조들을 개편해나가고 있다. 특히 인터넷이 커뮤니케이션 채널 공간을 확산시켜 나가면서 전지구적 대중 커뮤니케이션 매체인 지상파TV나 케이블 TV의 방송영상 콘텐츠들을 인터넷과 웹2.0을 기반으로 한 소셜 미디어들을 통해 전 지구적으로 유통시키고자 한다.

세계 방송 시장 주요 트렌드를 살펴보면, 디지털 위성 방송 등 새로운 플랫폼 등장에 따른 HD채널의 증가, 다채널화, 모바일 방송 서비스의 증대를 들

수 있다. 미국 방송시장의 경우 TV드라마는 대부분 HD급으로 제작되며, 소수의 인기 있는 리얼리티 프로그램들도 HD로 제작해 송출하고 있다. 미국의 방송업계는 포맷을 수출하는 '〈아메리칸 아이돌(American Idol)〉', '〈서바이버(Survivor)〉', '〈댄싱 위드 더 스타(Dancing With the Star)〉' 등이 HD로 제작된 이후 시청률이 크게 상승한 점에 주목하면서 HD제작이 장르에 상관없이 큰 경쟁우위가 될 수 있음을 인식하고 있다. 유통단계에서는 방송사업자들은 온라인 서비스를 확대하고 있는데, 이는 수직적 통합 전략의 한계에 부딪힌 방송사업자들이 새로운 콘텐츠 유통전략 모색 차원에서 인터넷을 통한 다각적인 TV콘텐츠 서비스 전략을 펴고 있는 것이다(한국콘텐츠진흥원, 2010, pp. 13~19). 글로벌 방송시장이 지역별로 활성화되면서 국가 간 시장개척을 위한 경쟁은 더욱 치열해지고 있다. 세계 방송시장에서 글로벌 미디어 기업들은 지역별 권역에 따라 미디어 마케팅을 추진하는 경향이 있다. 글로벌 미디어 기업들은 세계 방송시장에서 다른 나라나 지역의 미디어 기업들과 경쟁할 때 비교우위를 점하거나 새로운 시장에 유연하게 적용할 수 있는 막대한 자본을 투입할 수 있고, 현존하는 미디어 생산물을 외국의 방송시장에 유통시킴으로써 추가 제작비용을 투자하지 않고도 새로운 시장에서 수익을 확보할 수 있기 때문이다(하윤금·조은기, 2008). 그러나 방송과 영화와 같은 영상콘텐츠의 유통은 일반상품과는 달리 내부시장 요인 이외에도 시장외적인 요인에 영향을 받는데 특히 방송시장을 구성하고 있는 특정 사회의 문화와 수용자 특성은 중요한 요인이다. 하지만 최근 소셜 미디어가 등장한 이후 글로벌 미디어 기업의 전략과는 별개로 이용자가 주체적으로 문화적 취향을 공유할 수 있게 되었다. 그리고 K-Pop이 이 채널을 적극적으로 활용하고 있다. 현재 한류가 전세계에서 인기를 끌 수 있는 요인 중 하나가 바로 유튜브이다. 수용자들의 문화수용의 특성과 취향을 즉각적으로 파악할 수 있는 혹은 수용자들 간의 문화적 취향을 공유할 수 있는 '장'으로서의 역할을 하고 있기 때문이다. 구글이 인수한 유튜브는 K-pop이 해외에서도 큰 인기를 끌자 국내 유명 기획사, 방송사들과 협력하여 국내 방송콘텐츠와 뮤직 비디오 등을 유튜브를 통해 이용자들에게 전달하는 데 큰 역할을 하고 있다. 이 외에도 페이스 북, 트위터 등의 소셜 미디어가 한류문화를 전 세계의 이용자들에게 전달하는 매개체로서의 역할은 그 어느 때 보다 강력하다.[1]

또한 가수 싸이의 음악이 전 세계에서 인기를 끌 수 있는 요인, K-pop의 음악적 특징, 한국의 드라마 등이 가지고 있는 문화적 특징이 해외의 수용자들에게 관심을 끌 수 있는 요인 등은 현대사회의 수용자들에게 '복합적 문화수용환경'이 구축되었기 때문일 것이다.

3. 글로컬라이제이션

로버트슨(Robertson, 1995)은 최근의 세계적 문화현상을 '글로컬라이제이션(glocalization)'으로 설명한다. 그는 글로컬라이제이션을 세계와 지역의 혼합으로 정의하며, 지역적인 것의 세계적인 생산과 세계적인 것의 지역화를

---

1) 가수 싸이가 미국 방송사 NBC의 아침 토크쇼에서 공연을 한 것이 이에 해당된다. 뉴욕 록펠러센터 앞에서 매주 수요일마다 인지도가 높은 유명 가수들이 출연, 미니 콘서트를 진행하는데, 인기와 인지도에 따라 무대설치를 한다는 것이다. 가수 싸이는 처음 미국에 진출한 가수이기 때문에 인지도가 낮았고, 무대 설치를 한다는 연락을 받지 못했다고 한다. 그는 무대 설치를 위해서는 방송사에 문의 전화가 많으면 무대설치를 할 수 있다는 답변을 방송사로부터 듣고는 트위터에 같은 YG 소속사 가수 G Dragon, 태양과 함께 트위터에 이러한 요청을 했고, 팬들은 바로 NBC 방송사에 전화문의를 실행했다. 그리고 가수 싸이의 공연 당일, 록펠러센터 앞에는 싸이를 위한 무대가 설치되었으며, 이는 바로 소셜 미디어를 적극적으로 활용하는 '팬덤'의 힘을 보여준 사례가 될 것이다.

하나로 표현하기 위해, 본래 일본 비즈니스 용어로 사용되던 '세계의 지역화 (global localization)'라는 개념을 채택하였다. 그는 지역적인 것이 항상 세계적인 트렌드에 반대된다는 가정은 불확실하며, 지역과 세계를 양극단에 놓고 보는 세계/지역의 이분법적 사고가 문제가 있음을 지적, 이러한 이분법적 사고를 극복하기 위해 세계적인 것과 지역적인 것은 '세계적인 결합(globalwide nexus)'의 일부분으로 연결지어야 한다고 주장한다. 글로컬라이제이션은 대규모적이고 소규모적인 여러 지역들이 서로 연결되는 과정이 아니라 문화적 다원주의에 의해 다른 향유 가능한 문화들을 지속적으로 생산할 수 있도록 하는 과정이라는 것이다. 그리고 현재의 한류문화가 바로 이러한 중요한 사례 중 하나이다.

2000년대 들어 동아시아 지역 내에서의 미디어 유통, 특히 한국의 방송 프로그램의 폭발적 인기로 '한류'를 한국 대중문화뿐 아니라 아시아 지역 대중문화의 새로운 흐름을 특징짓는 키워드가 되었다. 정부와 문화산업계 모두 '한류'를 통한 한국 이미지의 제고와 한국 문화상품의 해외 수출시장 확장이라는 상호연관된 목적을 위해 발 벗고 나섰다. 한국이라는 지역(local)에서 생산된 대중문화물이 아시아 지역 어디에서나 쉽게 발견되는 '전 지구적 (global)'현상이 될 수 있다는 '세계화' 경험은 누구보다도 먼저 한국인들에게 놀라운 경험이었다.

초기 한류를 형성했던 텔레비전 드라마를 시작으로 현재 K-pop의 아이돌 그룹까지 다양한 층위의 엔터테이너의 활동을 기반으로 한류 팬덤을 형성하고 있으며, 아시아 지역을 넘어 전 세계에서 한류 팬덤이 형성되고 있다는 것 역시 주목해야 할 점이다.

아시아 지역의 한류 팬덤은 기존 한국 문화에서는 보기 힘들었던 새로운 현상이었는데, 우선 아시아 대중문화의 소비 시장에서 범아시아적인 대중문화의 공급과 소비의 과정에서 과거와는 달리 아시아 팬들에게 서양의 팝 스타에만 집중하기보다는 아시아지역 내에서 자신이 집중할 수 있는 스타가 생긴 것이다. 아시아 대중문화 내에서 아시아 스타들이 국경과 문화 경계를 넘어 공통의 관심을 받은 것은 아시아 대중문화 안에 공통의 감각이 존재한다는 것이다. 또한 아시아 팬들의 탈국가적 공통체 현상은 특정한 스타의 위력으로만 볼 수 없는 아시아 권역을 관통하는 새로운 미디어 환경과 일상 환경의 변화에 기인한 바가 크다. 과거와는 달리 여행의 보편화, 디지털 미디어의 대중화, 그리고 이 공간을 통해 수많은 정보들이 유통됨으로써 아시아 지역에서의 팬덤 형성은 보다 빠르게 진행될 수 있었다. 즉, 과거에는 대중문화를 일방적으로 소비하는 상황이었지만, 현재의 환경은 다양한 방식으로 수용하고 참여하는 환경이 구축되었기 때문이다.

이러한 팬덤이 형성될 수 있었던 이유는 1990년대 이후 엔터테인먼트 위성 채널의 증가, 아시아 지역에서의 문화산업의 발전, 아시아 엔터테인먼트 산업의 성장 등이다. 또한 최근 2000년대 들어서는 아시아를 넘어 전 세계의 미디어 콘텐츠의 유통이 더욱 가속화되고, 포맷 산업 등의 비약적 성장, 글로벌 미디어 기업의 로컬 문화를 수용하는 방식의 가속화, 유튜브, 페이스 북, 트위터 등 소셜 미디어의 대중화로 인해 다양한 문화를 소비하고 반응할 수 있는 미디어 환경으로 한류문화가 전 세계의 수용자들에게 전달될 수 있었다.

일례로 유튜브에서 K-pop 스타의 뮤직비디오를 검색하다 보면 뮤직비디오를 보고 반응하는 팬들의 모습이나 혹은 자신이 좋아하는 한류 아이돌 그룹의 춤을 따라하는 모습을 촬영한 영상을 쉽게 볼 수 있다. 그만큼 팬들이 자신의 기호를 드러내고 참여하는 방법이 매우 편하고 쉬워졌을 뿐만 아니라 문화 생산자와 소비자의 커뮤니케이션 방식이 크게 변화했음을 알 수 있다.

또한 서구문화의 소비에 익숙한 아시아 수용자들에게 주목을 받은 한류문화는 아시아 권역 내에서의 근대성의 발전양상과 다차원에서 접합되는 현상으로 파악할 수 있을 것이다. 즉, 한류 문화물이 아시아 권역에서 인기를 얻을 수 있었던 주요한 이유는 한류 텍스트들 속에서 구현된 근대적 삶의 경험과 전통성과 근대성 사이의 가치들의 충돌이 이 지역의 수용자들에게 적극적으로 어필했기 때문이다. 이들은 지리적 근접성이나 '문화할인'이라는 개념 대신에 '동시대성'이나 문화적 근대성의 체험이라는 측면에서 일본식 대중문화를 이어 한류 텍스트들이 동아시아에서 폭넓게 대중성을 획득하고 능동적으로 수용되거나 '전유'될 수 있는 근본적 이유를 찾고 있는 것이다(김영찬 · 이동후 · 이기형, 2006).

또한 아시아를 넘어 서구사회에서 나타나는 한류문화에 대한 관심은 기존의 일본문화 소비의 경험이 있는 수용자들이 있기 때문이며, 아시아 문화가 가지고 있는 '독특함'이 어필했기 때문일 것이다. 앞서 글로컬라이제이션에 대해 논의했듯이, 글로벌 미디어 환경의 구축과 함께 소셜 미디어 등의 대중화는 수용자들이 다양한 해외 미디어 문화에 노출될 수 있도록 하였으며, 자국의 지역 문화에 해외의 미디어 문화가 수용되고 절합될 수 있는 가능성을 더욱 높였다.

현재 한국의 대표적 대중문화인 K-pop은 오랜기간 연예기획사에서 연습기간을 가진 아이돌 그룹들이 주를 이루는데, 그들은 개인보다는 집단의 구성원으로서 존재하며, 가창력이나 작곡실력보다는 퍼포먼스에 더욱 중점을 둔다. '집단군무'라 불리는 퍼포먼스는 해외 팬들을 사로잡는 가장 큰 요인 중의 하나이다. 뛰어난 비주얼을 위해 남자 그룹 멤버들은 짙은 화장을 하는 것을 망

설이지 않으며, 뛰어난 신체적 조건은 당연히 갖춰야 할 필수요건이다. 아이돌 그룹 멤버들은 개인의 '자유'로운 생활보다는 자신이 속한 그룹의 성공에 더욱 집중한다. 또한 K-pop의 노래의 속성은 미국이나 유럽의 음악적 속성을 적극적으로 수용한 결과이기도 하며, 한국 내에서 자생적으로 형성된 한국의 대중문화적 특성이 결합되기도 한 문화적 산물이다. 그러므로 복합적 문화산물로서의 한류는 상업적 음악활동에 치중하면서 긍정적·부정적 시각을 동시에 생산하고 있다.

일례로 연예기획사의 철저한 기획, 주류 미디어와 문화산업 관련 정부기관의 전폭적인 지지를 통해 아시아 지역을 넘어 서구사회로의 시장진출에 집중했던 K-pop은 소속사 가수의 성공, 한국의 대중문화를 세계에 널리 알리는 성공적 결과 등으로 긍정적 결과를 가져오기도 했지만, 소속 연예인과의 불공정 계약, 무리한 스케줄, 음악적 실력보다는 상업적 문화중심의 음악활동 등이 비판을 받기도 했다.

그럼에도 불구하고 국내 유명 연예기획사들은 아시아뿐만 아니라 아시아시장의 성공을 발판으로 서구시장 진출을 꾸준히 시도해왔다. 앞서 살펴봤듯이, SM 소속 가수들의 프랑스 파리와 미국 뉴욕 등에서의 SM 타운 콘서트, 걸그룹 소녀시대의 미국 유명 토크쇼의 출연, JYP소속의 원더걸스의 미국 방송 출연과 음반 활동 등이 그렇다. 하지만 이러한 모든 활동들은 가수 싸이가 미국에서 큰 성공을 거두고 전 세계에서 주목받는 가수가 됨에 따라 아이돌 그룹 중심의 K-pop을 바라보는 국내 대중들의 시선은 변하고 있다.

가수 싸이는 의사소통에 있어서 영어의 사용, 미국 문화에 대한 이해, 한국 팬들을 대하는 입장 모두 능숙한 편이다. 수많은 토크쇼에 출연해 자신의 음악을 설명하고 자신을 소개하는 것이 가능했던 이유는 커뮤니케이션 능력이 크게 작용했다.[2] 또한 그의 음악적 독특함과 퍼포먼스, 가수 싸이 자체가 가지고 있는 외모 등 모든 것이 기존의 K-pop 가수들과는 큰 차이를 보인다. 이러한 싸이의 특징은 미국 내에서 관심을 받게 되었고 본격적으로 미국 활동을 시작하였다.

이후 그는 본격적으로 LA와 미국 뉴욕 등을 오가며 아침 인기 토크쇼에서부터 저녁 프라임 타임대 토크쇼까지 출연, 자신의 인지도를 높여나갔다. 지난 2012년 12월 9일에는 미국 워싱턴 DC 백악관 근처 '국립건축박물관'에서 열린 크리스마스 인 워싱턴(Christmas in Washington)공연에 오바마 대통령 가족이 참석한 자리에서 피날레를 장식했다. 이 공연과 관련해 흥미로운 사건이 있었는데, 과거 싸이가 선정적인 반미 노래를 불렀다는 사실이 알려지면서 미국 내 인터넷 언론(MEDIAITE: www.mediaite.com)을 중심으로 이 공연에 싸이가 참석하는 것이 부적절하다는 주장이 제기되었다. 싸이는 곧 과거 자신이 그러한 퍼포먼스를 벌일 수밖에 없었던 상황을 설명하고, 그 당시 사용했던 단어나 표현이 부적절했음을 사과했다. 그리고 이후 공연에 참석, 공연을 무사히 마쳤다.[3]

앞서 한류가 아시아 지역에서 인기를 끌면서 중국과 대만, 일본 등에서 '혐한류'가 나타났던 것처럼 미국 내에서도 비슷한 형태의 움직임이 나타난 것이다. 이렇게 문화교류 과정에서 경험하게 되는 국면들은 문화와 문화 간의 절합을 관찰할 수 있는 사례가 될 수 있다. 한류에 대한 아시아 여성들의 팬덤 활동,

---

2) 걸그룹 소녀시대가 2012년 1월 〈데이비드 레터맨 쇼〉와 〈라이브! 켈리〉에 출연했을 때 9명의 멤버 중 한두 명의 멤버 만이 영어로 의사소통이 가능했다. 따라서 짧은 시간이었지만, 방송출연 당시 인터뷰를 하지 않고 듣기만 했던 그 외의 멤버들은 경직되어 있거나 부자연스런 모습을 보였다. 이러한 상황이 발생하는 이유는 언어, 문화적 차이가 하나의 문화상품이 안착하는 데 중요한 요인임을 알 수 있는 사례이다.

3) 헤럴드 경제, 2012.12.09.

'혐한류'의 움직임들, 서구사회에서 한류의 대표적 아이돌 그룹들의 활동과 커뮤니케이션 행동패턴들이 어떻게 이해되고 받아들이는지 등이 그렇다.

한류문화가 해외에서 인기를 끌 수 있는 외적인 요소들과 더불어 중요한 특성은 국내 문화생산요소들의 변화일 것이다. 한국사회의 인구 구성비의 변화, 미디어 콘텐츠의 해외 콘텐츠 수입 양의 증가와 포맷 프로그램 수입의 증가에 따라 국내의 사회문화적 환경이 변화하면서 문화를 소비하는 국내의 수용자들의 눈높이가 변화하고 있다. 미국 중심의 글로벌 미디어 기업이 취하는 글로컬 전략, 즉 로컬의 문화를 수용하면서 글로벌 문화를 유통시키는 전략이 국내에서도 적극적으로 수용되었지만, 국내 문화콘텐츠 생산자들 역시 한국의 문화를 수출하면서도 수입국의 문화의 지역적 특수성을 활용하려는 움직임들도 나타난다. 드라마, K-pop 모두 각 지역별로 인기있는 드라마, 가수 등의 차이를 보이기 때문이다. 이러한 차이가 발생하는 이유는 특정한 국가의 수용자들이 어떠한 문화를 향유하는가에 따라 소비되는 문화취향의 차이가 분명하게 나타나기 때문이다. 따라서 현재의 한류 문화를 이해하기 위해서는 초국적 문화수용으로서의 텍스트이자 글로벌 문화와 로컬 문화의 결합과정에서 유발되는 대중문화 현상으로 바라보려는 노력이 이어져야 한다. 지금처럼 상품이자 글로벌 경쟁력 확보의 수단으로서만 한류를 바라본다면 결국 수용자들의 외면을 받게 될 것이다.

참고문헌

김영찬 · 이동후 · 이기형(2006).「한류 미디어 컨텐츠의 정치적, 문화적 함의 연구」.
　　한국언론학회 세미나 발표글. 한국언론학회.

설진아(2007).『글로벌 미디어』. 한국방송통신대학교출판부.

오현숙(2009).「글로벌 여성잡지에 나타난 글로컬라이제이션」.『한국언론정보학보』,
　　2009년 여름, 통권 46호, 한국언론정보학회.

이동연(2006).『아시아 문화연구를 상상하기』. 그린비.

하윤금 · 조은기(2008).『글로벌 미디어 기업 육성방안 연구』. 한국방송영상산업진흥
　　원, 2008-5.

조한혜정 외(2003).『한류와 아시아의 대중문화』. 연세대학교출판부.

Pieterse, J.(1995). Globalization as Hybridization. In M. Featherstone, S. Lash & R.
　　Roberston(Eds.), *Global modernities*, pp.45~68. London: Sage.

Hall, S.(1991). The local and the global: Globalization and ethnicity. In A. King (Ed).
　　Culture, globalization and the world system.

Munshi, S.(2001). Introduction. In S. Munshi, (Eds.), *Images of the 'Modern women'*
　　in Asia: Global media, local meaning, pp.1~15. Richmond: Cuzon Press.

Robertson, R.(1995). Globalization: Time-space and Homogeneity-Hererogeneity. In
　　M. Featherstone, S. Lash & R. Robertson (Eds.) *Global modernities*, pp.3~24.
　　London: Sage.

색인